무문관

원순 스님

해인사에서 출가하여 해인사 · 송광사 · 봉암사 등 제방선원에서 정진하였다.
『명추회요』를 번역한 『마음을 바로 봅시다』 『禪 스승의 편지』 『한글원각경』 『선요』
『몽산법어』 『도서』 『연꽃법화경』 『선가귀감』 및 『금강경오가해설의』를 저자별로
번역한 여섯 권의 금강경과 선가귀감을 강설한 『선 수행의 길잡이』 등
다수의 불서를 펴냈으며 난해한 원효 스님의 『대승기신론 소·별기』를
『큰 믿음을 일으키는 글』로 풀이하였다. 현재 송광사 인월암에서 안거 중.

무문관

초판 발행 | 2016년 6월 10일
펴낸이 | 열린마음
역해 | 원순
편집 | 유진영
디자인 | 안현

펴낸곳 | 도서출판 법공양
등록 | 1999년 2월 2일 · 제1-a2441
주소 | 110-170 서울시 종로구 수송동
두산위브파빌리온 836호
전화 | 02-734-9428
팩스 | 02-6008-7024
이메일 | dharmabooks@chol.com

ISBN 978-89-89602-64-4

값 20,000원

부처님의 가르침을 올바르게 _ 도서출판 법공양

도! 바로 이 자리에

무문관

無門關

무문 지음 · 원순 역해

도서출판 법공양

역자 서문

이 글이 나오게 된 인연

봉암사 봄 안거에 오래 전부터 명성만 익히 들어왔던 두 분 어른 스님을 만나 뵙게 되었습니다. 이 분들과 금방 친해져 『무문관』을 함께 보다가, 쉽게 정리하면 화두 공부하는 납자들한테 많은 도움이 될 거라는 제안을 받게 되었습니다.

절에 들어와 틈틈이 선방에서 오랫동안 『무문관』을 관심 있게 보아 오셨던 분들이라 이 기회에 그분들 밑에서 공부 한번 해보리라 가벼운 마음으로 시작했는데, 너무나도 재미가 있어 단숨에 원고정리를 마무리 할 수 있었습니다.

물론 두 분 스님께서 한 자 한 자 한문 원문을 번역문과 대조하여 읽어주시면서, 꼼꼼히 모난 부분은 깎아주고 부족한 부분을 채워주신 덕택으로 귀한 원고가 완성된 것입니다. 소중한 법의 은혜에 이 자리를 빌려 두 분께 감사드립니다.

『무문관』이란

『무문관』은 임제종 양기파 무문 스님께서 1228년 복주 영가 용상사에서 학인들의 청을 받아, 온갖 선서에서 '부처님과 조사 스님의 인연으로 깨달은 사람들의 이야기'로 이루어진 수많은 공안 가운데 48칙을 가려 뽑아 여기에다 평을 하고 게송을 지어 만든 책입니다.

'무문관'은 말 그대로 '들어갈 문이 없다'는 뜻입니다. 그러나 이 제목을 지은 스님께서는 정작 서문에서 '들어가는 문이 없기에 모든 곳에 길이 있다[大道無門 千差有路]'라는 역설적인 표현으로 선의 참뜻을 명확하게 드러내고 있습니다.

제목부터 거침없이 선종의 종지를 잘 드러내고 있는 이 책은, 제 1칙 '조주무자' 화두로 시작하여 제 48칙 '건봉일로'까지 책 전반에 걸쳐 언어로부터 자유로운 깨달음의 세계를 거침없이 펼쳐 보입니다.

무문관의 가치

『무문관』은 깨달음을 점검하는, 선문의 대표적인 공안을 모아놓은 책입니다. 그러므로 오래 전부터 선원에서 『벽암록』, 『종용록』과 함께 눈 밝은 스승들이 학인들의 안목을 열어주는 간화선의 기본교재로 쓰였습니다.

『벽암록』과 『종용록』은 귀감이 될 옛 선사의 언행을 '고칙古則'이라 하여, 이 고칙을 저자가 게송으로 풀어내며 찬탄하는 송고頌古를 중심으로 이루어져 있습니다. 그러나 『무문관』은 48칙에 대한 무문 스님의 평評이 중심이고, 여기에 게송을 덧붙여 스님의 뜻을 드러낸 것이 특징입니다.

화두를 참구하는 간화선은 오조법연(?-1104) 스님에서 원오극근(1063-1135) 스님과 대혜종고(1089-1163) 스님으로 이어지면서 송나라 시대의 새로운 선禪 수행으로 확립되었는데, 이러한 송대의 간화선이 『무문관』 48칙에 와서 완성되었다고 보는 견해도 있습니다.

깨달음은 들어가는 문이 없기에

일반적으로 사람들은 자신이 하는 수행만이 최고라고 주장합니다. 하지만 대도에는 들어가는 문이 없습니다. 들어가는 문이 없지만, 시비분별만 끊어지면 그 자리에서 도가 드러나니, 시비분별 속에 사는 중생의 마음이 '무문관'이 아닐까 싶습니다. 그래서인지 『무문관』에서는 처음부터 끝까지 분별하는 마음을 한순간도 일으키지 말라고 합니다.

이 책은 간단명료하지만 중생의 번뇌를 단숨에 끊을 만큼 서슬이 시퍼렇습니다.

> 희양산에 자리 잡은 봉암사 선방
> 납자들이 둘러 앉아 꿈을 찾는 곳
> 무문관에 길이 있어 뚫어 보지만
> 사방팔방 막혀 있어 갈 길이 없네.

백척간두 진일보로 금생을 바쳐
시비분별 하는 사람 혀를 끊어라
산들녘엔 밝은 햇살 행복이 가득
돗나물에 여린 쑥국 봄나물 향긋.

깨달음은 들어가는 문이 없기에
온갖 곳에 천차만별 길이 있는 법
그 자리서 조사 관문 꿰뚫어 봐라
춤을 추고 노래하며 살아가리라.

2016년 청매 홍매 화창한 봄
봉암사 뒷간 청소부 인월행자 두 손 모음

無門關 序文

說道無門 盡大地人得入 說道有門 無阿師分.
설도무문 진대지인득입 설도유문 무옥사분

第一強添幾箇注脚 大似笠上頂笠.
제일강첨기개주각 대사입상정립

硬要習翁贊揚 又是乾竹絞汁.
경요습옹찬양 우시간죽교즙

著得這些哮本 不消習翁一擲 一擲
착득저사효본 불소습옹일척 일척

莫教一滴落江湖 千里烏騅追不得.[1]
막교일적낙강호 천리오추추부득

紹定改元 七月晦 習菴 陳塤寫
소정개원 칠월회 습암 진훈사

1. 초나라 항우가 탔던 말로 전설에 의하면 '오추마烏騅馬'는 용이 변해서 되었다고 한다. 아무리 빠른 천리마를 타더라도 이 책이 유통되면, 뒤를 쫓아가 거두어들이려 해도 거두어들일 수 없다는 뜻이다.

무문관 서문

'도에 들어가는 문이 따로 없다' 하면 모든 사람들이 도에 들어갈 수 있고 '도에 들어가는 문이 따로 있다' 하면 큰 선지식의 역할이 필요 없다. 그런데 억지로 여기에 몇 개의 풀이를 더 보탠다는 것은 마치 모자를 쓰고 그 위에 모자를 또 쓰는 격이다. 그런데 굳이 보잘 것 없는 이 늙은이에게 이 글을 찬탄하라고 하니, 이 또한 마른 대나무를 비틀어 기름을 짜라는 것과 같다.

이 동화 같은 책을 얻게 되면, 내가 갖다 버리지 않아도 내다 버려, 억지로 짜낸 이 글의 한 글자도 천하에 유통시키지 말아야 하니, 한번 유통되면 천리마 오추가 뒤쫓더라도 이 일을 수습할 수가 없기 때문이다.

1228년 소정 개원 7월 30일

습암 진훈이 이 글을 쓰다

表文

紹定二年 正月初五日 恭遇天基聖節 臣僧慧開 預
소정이년 정월초오일 공우천기성절 신승혜개 예

於元年 十二月初五日 印行拈提 佛祖機緣 四十八
어원년 십이월초오일 인행염제 불조기연 사십팔

則 祝延今上 皇帝聖躬 萬歲萬歲萬萬歲.
칙 축연금상 황제성궁 만세만세만만세

皇帝陛下 恭願聖明齊日月 叡算等乾坤 八方歌有
황제폐하 공원성명제일월 예산등건곤 팔방가유

道之君 四海樂無為之化. 慈懿皇后 功德報因 佑
도지군 사해요무위지화 자의황후 공덕보인 우

慈禪寺 前住持 傳法 臣僧慧開[1] 謹言.
자선사 전주지 전법 신승혜개 근언

1. 무문혜개無門慧開(1183-1260)는 송나라 때 임제종 스님이다. 항주 전당 사람으로, 속성은 양梁씨고 자는 무문無門이어서 무문혜개無門慧開로 불렸다. 어릴 때 출가하여 경론을 널리 배웠다. 성장하자 남봉석실에 혼자 거처하면서 조주무자趙州無字 공안을 6년 동안 참구하다 점심공양 알리는 북소리에 문득 깨닫고 여러 곳의 스승을 찾아다니다가 강소성 만수사의 월림사관 선사 밑에서 공부한 후 법을 얻었다. 소정紹定 2년(1229) 황제의 만수무강을 축원하고 『무문관無門關』 1권을 편찬했다.

황제께 올리는 글

1229년 소정紹定 2년 정월 5일 황제 폐하의 생신을 삼가 맞이하여, 제가 작년 12월 5일 부처님과 조사 스님의 기연 48칙을 가려 뽑아 책을 출간하였으니 이 인연 공덕으로 황제께서 천년만년 사시기를 축원하옵니다.

황제 폐하! 바라옵건대 해와 달처럼 지혜 밝으시고 천지와 함께 세수를 누리시옵소서. 사방팔방에서 법도가 있는 폐하를 찬탄케 하시고, 모든 백성들이 황제 폐하의 보이지 않는 덕의 다스림을 누리게 해 주시옵소서.

자의황후 마마의 공덕에 보답하는 인연으로
창건한 우자선사의 전 주지로서 불법을 전하는
신하인 승려 무문혜개가 삼가 글을 올리옵니다.

禪宗 無門關

佛語心為宗 無門為法門. 既是無門 且作麼生透.
불어심위종 무문위법문 기시무문 차자마생투

豈不見道 從門入者 不是家珍 從緣得者 始終成
기불견도 종문입자 불시가진 종연득자 시종성

壞. 恁麼說話 大似無風起浪 好肉剜瘡 何況 滯言
괴 임마설화 대사무풍기랑 호육완창 하황 체언

句 覓解會.
구 멱해회

掉棒打月 隔靴爬痒 有甚交涉.
도봉타월 격화파양 유삼교섭

선종 무문관

부처님께서 말씀하신 '마음'을 종지로 삼고 이 종지로 '들어갈 문이 없는 것'이 법문이 된다. 이미 들어갈 문이 없다면 어떻게 이 관문을 뚫을 것인가?

"문으로 들어오는 것은 가문의 보배가 아니요, 인연으로 얻은 것은 시작과 끝이 있어 만들어지고 허물어진다."라고 말하는 소리를 어찌 보지 못하는가?

이렇게 말한다면 이 책은 흡사 바람 없는 잔잔한 바다에 물결을 일으키고 멀쩡한 살가죽을 긁어 부스럼을 내는 것과 같으니, 어찌 하물며 말에 걸려 알음알이로 불법을 찾으려고 하겠는가. 이런 모습은 작대기로 하늘의 달을 치는 격이요 가죽신을 신고 가려운 발을 긁으려는 것과 같으니 진실한 법과 어떻게 소통이 되겠는가?

慧開 紹定戊子夏 首衆于東嘉龍翔 因衲子請益
혜개 소정무자하 수중우동가용상 인납자청익

遂將古人公案[1] 作敲門瓦子 隨機引導學者 竟爾
수장고인공안 작고문와자 수기인도학자 경이

抄錄 不覺成集. 初不以前後敍列 共成四十八則
초록 불각성집 초불이전후서열 공성사십팔칙

通曰 無門關.
통왈 무문관

若是箇漢 不顧危亡 單刀直入 八臂那吒[2] 攔他
약시개한 불고위망 단도직입 팔비나타 난타

不住 縱使西天四七 東土二三 只得望風乞命. 設
부주 종사서천사칠 동토이삼 지득망풍걸명 설

或躊躇 也似隔窓看馬騎 眨得眼來 早已蹉過.
혹주저 야사격창간마기 잡득안래 조이차과

頌曰 大道無門 千差有路 透得此關 乾坤獨步.
송왈 대도무문 천차유로 투득차관 건곤독보

---

1. 공안公案은 원래 시시비비를 해결하는 관청의 공문서를 뜻하지만, 조사 스님들의 말씀들이 거짓 없이 진실하다는 것에 비유해서 조사스님들이 내려주신 화두를 공안이라 부른다. 보통 일천 칠백 공안이라고 이야기하지만 대개 오백 공안 정도만 쓰인다.
2. 나타는 비사문천왕의 맏아들로 불교 호법신이며 얼굴이 넷, 팔이 여덟 개이다.

나는 1228년 소정 원년 무자년 여름에 동가 용상사에서 대중의 수좌로 살았는데, 납자들이 법을 청하여서 고인의 공안을 방편 삼아 그들의 근기에 맞추어 정리하다 보니 생각지도 않게 책 한 권이 되었다. 처음부터 앞뒤로 순서를 맞추어 정리한 것은 아니지만 모두 48칙이 되어서 한데 엮어 '무문관'이라 이름을 붙였다.

만약 어떤 납자가 목숨도 돌아보지 않고 곧바로 이 관문에 들어간다면, 여덟 개의 팔을 가진 나타라도 그 사람을 막을 수가 없다. 설사 인도의 28조와 중국의 6대 선종 조사라도 그들의 도풍에 휘말려 목숨을 구걸할 수밖에 없다. 만약 이 관문에 들어가기를 주저한다면, 이는 창 너머로 말이 달리는 것을 보는 것처럼 순식간에 진리는 놓쳐 버리고 만다.

대도에는 들어가는 문이 없지만
모든 곳에 천차만별 길이 있기에
문이 없는 이 관문을 뚫어 버리면
온 천하를 활보하는 자유인 되리.

차례

일러두기

1. 무문 스님의 평은 ♡로 표시하였다.
2. 한자 원문에서 무문 스님의 '게송'이란 글자는 따로 번역하지 않았다.
3. 찾아보기 다음에 다섯 종파의 법통을 실어서 육조 스님 문하에서 나온 다섯 종파 스님들의 법맥을 살펴 볼 수 있도록 하였다. 『무문관』에 나오는 여러 선사들의 관계를 살펴보는 데 도움이 될 것이다.

무문관

1. 趙州狗子

趙州和尙[1] 因僧問 狗子還有佛性也無 州云 無.
조주화상 인승문 구자환유불성야무 주운 무

無門曰. 參禪 須透祖師關 妙悟 要窮心路絕. 祖關
무문왈 참선 수투조사관 묘오 요궁심로절 조관

不透 心路不絕 盡是依草附木精靈. 且道 如何是
불투 심로부절 진시의초부목정령 차도 여하시

祖師關. 只者一箇無字 乃宗門一關也 遂目之曰
조사관 지자일개무자 내종문일관야 수목지왈

禪宗 無門關.
선종 무문관

---

1. 조주종심(778-897) 스님은 당나라 사람인데 어려서 출가하여 남전보원南泉普願 스님 밑에서 이십 년 동안 머물다가, 그 뒤 여러 스님들을 찾아다니면서 공부를 하였다. 여든 살 때 대중들의 간절한 청을 받아들여 조주의 관음원에서 머물면서 사십 년 동안 공부하는 사람들을 맞이하며 선풍을 크게 드날리다 백스무 살에 입적하였다. 시호를 '진제眞際' 대사라고 받았고 저서로는 『진제대사어록眞際大師語錄』 3권이 남아 있다. 그의 가르침이 참으로 컸으므로 사람들은 그를 '조주고불趙州古佛'이라 불렀다.

개에게도 불성이 있습니까

어떤 스님이 "개에게도 불성이 있습니까?"라고 묻자 조주 스님은 "없다."라고 하였다.

참선은 모름지기 조사의 관문을 뚫어야 하고, 오묘한 깨달음은 시비분별 하는 마음을 다 끊어야 한다.

조사의 관문을 뚫지 못하고 시비분별 하는 마음길을 다 끊지 못했다면, 이는 모두 풀이나 나무에 붙어사는 허깨비에 불과할 뿐이다. 한번 일러 보아라. 어떤 것이 조사의 관문인고?

다만 이 "없다."라는 것만이 종문의 으뜸인 관문이니, 이를 가리켜 '선종의 무문관'이라 한다.

透得過者 非但親見趙州 便可與歷代祖師 把手共
투득과자 비단친견조주 변가여력대조사 파수공

行眉毛廝結 同一眼見 同一耳聞 豈不慶快.
행 미모시결 동일안견 동일이문 기불경쾌

莫有要透關底麼.
막유요투관저마

將三百六十骨節 八萬四千毫竅 通身起箇疑團 參
장삼백육십골절 팔만사천호규 통신기개의단 참

箇無字 晝夜提撕.
개무자 주야제시

莫作虛無會 莫作有無會 如呑了箇熱鐵丸 相似吐
막작허무회 막작유무회 여탄료개열철환 상사토

又吐不出.
우토불출

蕩盡從前惡知惡覺 久久純熟 自然內外打成一
탕진종전악지악각 구구순숙 자연내외타성일

片[1] 如啞子得夢 只許自知.
편 여아자득몽 지허자지

---

1. '타성일편打成一片'에서 '타打'는 '성成'이라는 동사의 뜻을 강조하는 접두사로서 '타성打成'은 '만들어진 것, 이루어진 것'을 말하고, '일편一片'은 '나무 파편 한 조각'으로 풀이되지만 여기서는 '한 덩어리'의 의미로 쓰인다. 선가에서 말하는 타성일편은 분별하는 모든 마음을 없애고 온갖 차별을 한 덩어리로 만들어 너와 나, 이것과 저것, 주主와 객客이 사라져서 달리 차별하는 마음이 없어졌다는 뜻이다.

조사의 관문을 뚫은 사람은 조주 스님을 만나볼 수 있을 뿐만 아니라 역대 모든 조사 스님들과 함께 손을 잡고 머리를 맞댈 수가 있다. 그러므로 그분들과 똑같은 눈으로 부처님의 세상을 보고 똑같은 귀로 부처님의 소리를 들으니 어찌 경사스럽고 기쁘지 않겠는가.

이 관문을 뚫고 싶은 사람은 없는가?

그렇다면 삼백육십 뼈마디와 팔만사천 털구멍 온몸을 의심 덩어리로 만들어 이 "없다."를 밤낮으로 참구하라.

이 화두를 참구하되 '허무虛無'의 '무'로도 생각하지 말고, '유무有無'의 '무'로도 생각하지 말아야 하니, 마치 뜨거운 쇠구슬을 삼킨 것 같아 뱉어도 뱉어낼 수 없는 것처럼 하라.

그리 공부하다 보면 이전에 시비분별 하던 나쁜 지견들이 다 사라지고 그 상태로 오랫동안 무르익으면 자연스레 안팎의 마음이 하나가 되니, 이 경계는 마치 벙어리가 꿈을 꾼 듯 오직 스스로만 알 뿐이다.

驀然打發 驚天動地 如奪得關將軍大刀入手[1] 逢
맥연타발 경천동지 여탈득관장군대도입수 봉

佛殺佛 逢祖殺祖 於生死岸頭 得大自在 向六道四
불살불 봉조살조 어생사안두 득대자재 향육도사

生中[2] 遊戲三昧.
생중 유희삼매

且作麼生提撕. 盡平生氣力 擧箇無字 若不間斷
차자마생제시 진평생기력 거개무자 약불간단

好似法燭 一點便著.
호사법촉 일점변착

頌曰
송왈

狗子佛性 全提正令 纔涉有無 喪身失命.
구자불성 전제정령 재섭유무 상신실명

---

1. 관우 장군이 무게가 82근이나 나가는 청룡언월도를 가지고 수만의 군대를 물리친 것처럼 지혜의 검인 '무자' 공안을 타파하여 온갖 시비분별을 끊어야 한다. "부처도 죽이고 조사도 죽인다." 함은 부처님과 조사 스님에 대한 집착을 떨치자는 것이다. 여기서 말하는 '부처'와 '조사'는 자신의 마음에서 나타나는 경계를 말하는데, 자신의 공부가 무르익어 부처나 조사 스님의 경지를 얻었다고 생각하여 안주하지 말고 그 경계마저 뛰어넘으라는 것이다.
2. 육도사생은 태생胎生·난생卵生·습생濕生·화생化生 사생으로 중생의 몸을 받으면서 지옥·아귀·축생·수라·인간·천상의 육도에 윤회하는 중생계를 말한다.

그러다 갑자기 화두가 타파되면 하늘과 땅도 놀라니, 관운장의 큰 칼을 빼앗아, 마구니 경계로 나타나는 부처를 만나도 부처를 죽이고 조사를 만나도 조사를 죽이는 것처럼, 태어나고 죽는 길에서 완전한 자유를 얻어 중생의 삶 속에서도 삼매에 들어 자유롭게 노닌다.

어떻게 화두를 잡도리해 나갈 것인가? 평생 온 힘을 다하여, 이 "없다."라는 조주 스님의 화두를 끊임없이 들고 있다면, 이는 법의 등불에 불을 댕기면 확 불이 붙는 것과 같아지리라.

> 개에게도 부처 성품 있다는 것은
> 부처님의 가르침을 다 드러낸 것
> 있다 없다 시비하여 따지려들면
> 그 자리서 지혜 생명 사라지리라.

2. 百丈野狐

百丈和尙 凡參次 有一老人 常隨衆聽法 衆人退 老
백장화상 범참차 유일노인 상수중청법 중인퇴 노

人亦退 忽一日不退. 師遂問 面前立者 復是何人.
인역퇴 홀일일불퇴 사수문 면전립자 부시하인

老人云 諾 某甲 非人也.
노인운 낙 모갑 비인야

於過去迦葉佛時[1] 曾住此山 因學人問 大修行底
어과거가섭불시 증주차산 인학인문 대수행저

人 還落因果也無 某甲 對云 不落因果 五百生墮野
인 환락인과야무 모갑 대운 불락인과 오백생타야

狐身 今請 和尙 代一轉語[2] 貴脫野狐.[3]
호신 금청 화상 대일전어 귀탈야호

---

1. 과거 일곱 부처님 가운데 한 분이다. 과거칠불은 비바시불, 시기불, 비사부불, 구류손불, 구나함모니불, 가섭불과 석가모니불이다.
2. 미혹한 마음을 단번에 없애 깨달음에 들게 하는 간단명료한 한마디 말을 '일전어一轉語'라고 한다.
3. '귀貴'자에는 '바라다' '원하다'의 뜻도 있다.

여우의 몸을 벗게 한 백장 스님

백장 스님이 법문할 때 한 노인이 항상 대중을 따라 법을 듣다가 대중이 물러나면 그도 함께 돌아가곤 했었다. 그런데 하루는 그 자리에 노인이 남아 있었다.

백장 스님이 "내 앞에 서 있는 그대는 누구이신가?"라고 묻자, 그는 다음과 같이 대답하였다.

"네, 저는 사람이 아닙니다. 과거 가섭불 시절에 이 산중에 살고 있었을 때, 어떤 학인이 '수행을 많이 한 사람도 인과에 떨어지는 것입니까, 아닙니까?'라고 묻기에, 제가 '인과에 떨어지지 않는다.'라고 대답하였다가, 그 과보로 오백생을 여우의 몸으로 살고 있습니다. 지금 스님께 저를 대신하는 한마디 법문을 청하오니, 이 인연으로 여우의 몸을 벗게 해 주시옵소서."

遂問 大修行底人 還落因果也無. 師云 不昧因果.
수문 대수행저인 환락인과야무 사운 불매인과

老人 於言下 大悟 作禮云 某甲 已脫野狐身 住在
노인 어언하 대오 작례운 모갑 이탈야호신 주재

山後 敢告 和尚 乞依亡僧事例.[1]
산후 감고 화상 걸의망승사례

師令維那[2] 白槌 告衆食後 送亡僧.
사령유나 백추 고중식후 송망승

大衆言議 一衆皆安 涅槃堂又無人病[3] 何故 如是.
대중언의 일중개안 열반당우무인병 하고 여시

食後 只見師領衆 至山後巖下 以杖挑出 一死野狐
식후 지견사영중 지산후암하 이장도출 일사야호

乃依火葬.
내의화장

---

1. 죽은 스님을 '망승亡僧'이라 하니, '망승사례'는 승려의 예우로 장례를 치러 줄 것을 부탁하는 것이다.
2. '유나維那'는 대중을 기쁘게 하는 '열중悅衆'이다. 『십송』에 이르기를 "절에 때를 알아 물 뿌리고 청소하는 사람이 없어 대중이 어지러울 때 그것을 지적하여 나무라는 사람이 없는 등의 이유로 부처님께서 유나를 세우도록 하였다."고 하였다.
3. '열반당涅槃堂'은 '연수당延壽堂' 또는 '성행당省行堂'이라고도 하는데, 병든 승려가 머무르며 치료받는 곳이다.

그리고는 "수행을 많이 한 사람도 인과에 떨어집니까?"라고 물었다. 백장 스님이 "인과에 어둡지 않다."라고 말해 주었다.

노인은 그 말에 크게 깨닫고 예를 올리며 "저는 이미 여우의 몸을 벗었으니, 죽은 여우가 뒷산에 있을 것입니다. 감히 스님께 부탁드리오니, 죽은 여우를 열반한 스님처럼 예를 갖추어 장례를 치러 주시옵소서."

백장 스님은 유나에게 "공양을 한 뒤에 죽은 스님의 장례를 치루겠다."라고 하시며 큰 종을 쳐서 대중한테 알리라고 하였다.

대중들은 "모든 대중이 다 편안하고 열반당에는 아픈 스님도 없는데, 이 무슨 일인가?"라고 수군대었다.

공양을 마치고 백장 스님은 대중을 데리고 뒷산 바위 밑으로 가 주장자로 죽은 여우 한 마리를 꺼내어, 스님처럼 예를 갖추어 화장해 주었다.

師[1]至晚上堂 擧前因緣
사 지만상당 거전인연

黃蘗便問[2] 古人 錯祇對一轉語 墮五百生 野狐身
황벽변문 고인 착지대일전어 타오백생 야호신

轉轉不錯 合作箇甚麼.
전전불착 합작개삼마

師云 近前來 與伊道. 黃蘗 遂近前 與師一掌.
사운 근전래 여이도 황벽 수근전 여사일장

師拍手笑云 將謂 胡鬚赤[3] 更有赤鬚胡.
사박수소운 장위 호수적 갱유적수호

1. 백장百丈(720-814) 스님의 법명은 회해懷海로서 서당지당西堂智藏 남전보원南泉普願 스님과 함께 마조 스님의 법을 이었다. 뒷날 백장산에 들어가 백장청규百丈淸規를 만들었는데, 오늘날 한국 중국 일본의 불교에 큰 영향을 끼치고 있다. "하루 일하지 않으면 하루를 먹지 말라."라고 했던 스님께서 나이가 들어서도 매일 일하시니 제자들이 하도 딱하여서 하루는 일하는 연장을 감추었더니 그날은 굶으셨다고 한다. 아흔다섯에 입적하셨다.
2. 황벽黃壁(?-850) 스님은 백장 스님의 제자로 복건성 사람이다. 어렸을 때 하도 영특하여 신동이라 불렸다. 강서성 서주부 황벽산에 출가하였다가 마조의 '할'에 깨쳤다고 하는 백장 스님의 법문을 듣고 그 자리에서 혀를 내밀었다고 한다. 백장의 법을 이은 뒤에 뒷날 배휴의 청을 받아 여러 곳에서 법문을 하였다. 그의 저서로는 배휴가 어록을 한데 모은『황벽산단제선사전심법요黃檗山斷際禪師傳心法要』가 있다. 임제종 창시자 임제의현臨濟義玄이 그의 법제자이다.
3. 호胡는 변방의 오랑캐를 뜻한다. 붉은 수염의 오랑캐는 서쪽에서 온 달마 대사나 부처님을 가리킨다.

백장 스님이 저녁에 법당에서 여우의 인연을 말하자 황벽 스님이 물었다.

"옛 어른들은 한마디만 잘못해도 오백생의 여우 몸을 받았는데 하는 말마다 틀리지 않았다면 무엇이 되겠습니까?"

"가까이 오너라. 그대에게 일러 주리라."

황벽 스님은 가까이 다가가자마자 백장 스님에게 한 손바닥을 보여주었다. 그러자 백장 스님은 박수를 치며 웃으면서 말하였다.

"오랑캐의 수염이 붉다고 말하려고 하였는데 붉은 수염의 오랑캐가 여기에도 있구나."

無門曰.
무문왈

不落因果 為甚 墮野狐 不昧因果 為甚 脫野狐.
불락인과 위삼 타야호 불매인과 위삼 탈야호

若向者裏 著得一隻眼[1] 便知得前百丈贏得風流
약향자리 착득일척안 변지득전백장영득풍류

五百生.
오백생

頌曰
송왈

不落不昧 兩采一賽 不昧不落 千錯萬錯.
불락불매 양채일새 불매불락 천착만착

1. '일척안一隻眼'은 외눈박이와 사물을 간파하는 비범한 식견이란 뜻으로 쓰이는데, 여기서는 두 번째 뜻이다.

인과에 떨어지지 않았다고 했는데 왜 여우의 몸을 받아야 했고, 인과에 어둡지 않다고 했는데 왜 여우의 몸을 벗어났는가?

여기서 세상을 보는 바른 안목을 지닌다면 바로 백장산의 전 주지가 여우로 오백생의 삶을 풍류로서 산 줄 알 것이다.

어떤 인과 떨어지든 안 떨어지든
이 모든 것 주사위의 양면 같으니
모든 인과 안다 하며 벗어나 볼까?
한 생각을 내자마자 모든 게 잘못.

3. 俱胝竪指

俱胝和尚 凡有詰問 唯擧一指.
구지화상 범유힐문 유거일지

後有童子 因外人問 和尚說何法要 童子亦竪指頭.
후유동자 인외인문 화상설하법요 동자역수지두

胝聞 遂以刃斷其指 童子負痛 號哭而去.
지문 수이인단기지 동자부통 호곡이거

胝復召之 童子迴首 胝却竪起指. 童子 忽然 領悟.
지부소지 동자회수 지각수기지 동자 홀연 영오

胝將順世[1] 謂衆曰 吾得天龍一指頭 禪一生受用
지장순세 위중왈 오득천룡일지두 선일생수용

不盡 言訖示滅.
부진 언흘시멸

1. 순세順世는 세상의 순리에 따른다는 뜻으로서 스님의 입적을 말한다.

구지 스님의 손가락 법문

구지 스님은 다른 사람의 질문이 있을 때마다 오직 손가락 하나만 들어 보였다.

뒷날 찾아온 어떤 사람이 동자에게 구지 스님이 법의 요체를 어떻게 말씀하시냐고 묻자, 동자도 구지 스님 흉내를 내 손가락을 세워 보였다. 구지 스님이 이 말을 전해 듣자마자 동자의 손가락을 칼로 끊으니 동자가 아파 울면서 도망쳤다. 구지 스님이 도망치는 동자의 이름을 부르자 동자가 고개를 돌려 스승을 바라보았다. 그때 구지 스님이 손가락을 세워 보이자 그 자리에서 동자는 홀연 깨달았다.

구지 스님은 세상을 떠날 때 대중들에게 "내가 천룡 스님께 손가락 선禪 법문을 받았는데 평생 써먹어도 다 쓰지 못하였다."라는 말을 남기고 열반하였다.

無門曰.
무문왈

俱胝并童子 悟處不在指頭上. 若向者裏見得 天龍
구지병동자 오처부재지두상 약향자리견득 천룡

同俱胝并童子 與自己一串穿却.
동구지병동자 여자기일관천각

頌曰
송왈

俱胝鈍置老天龍 利刃單提勘小童
구지둔치노천룡 이인단제감소동

巨靈擡手無多子[1] 分破華山千萬重.
거령대수무다자 분파화산천만중

1. 옛날 중국의 황하黃河가 용문이라는 곳에서 동쪽으로 흐르려하는데 화산이라는 큰 산이 솟아 있어 흐를 수가 없었다. 그래서 큰 비라도 내리면 강물이 범람해 피해를 입었다. 이것을 알고 '거령신'이 자비심을 일으켜 화산을 쪼개서 화산과 태산으로 갈라놓았다고 한다.

구지 스님과 동자의 깨달음은 손가락 끝에 있는 것이 아니다. 여기서 진실을 볼 수 있다면 천룡 스님과 구지 스님 그리고 동자와 함께 자기의 마음자리도 하나로 꿰어지리라.

구지 스님 노스님을 따라만 하다
어린 동자 손가락을 칼로 자르니
거령신이 손드는 일 별것 아닌데
큰 산들이 천 겹 만 겹 갈라진다네.

4. 胡子無鬚

或庵曰[1] 西天胡子[2] 因甚無鬚.
혹암왈 서천호자 인삼무수

無門曰.
무문왈

參須實參 悟須實悟 者箇胡子 直須親見一回 始得
참수실참 오수실오 자개호자 직수친견일회 시득

說親見 早成兩箇.
설친견 조성양개

頌曰 癡人面前 不可說夢 胡子無鬚 惺惺添懵.
송왈 치인면전 불가설몽 호자무수 성성첨몽

---

1. 사체師體 스님은 황암 사람으로 속세의 성은 나羅이고, 호는 혹암或庵이다. 남송南宋 시기의 고승으로 15세에 묘지원 수위 대사의 제자가 되었다. 뒤에 호구 할당 혜원 선사의 상좌가 되었다. 남악南嶽 스님의 16세손이다. 저서로 『어록』 1권이 있고, 시詩가 『속고존숙어록續古尊宿語錄』에 수록되었다.
2. 여기서 호자胡子는 달마 스님이다.

달마 스님은 수염이 없다

혹암 스님이 물었다.

"서쪽에서 온 달마 스님은 왜 수염이 없을고?"

진실한 참구로 깨달아서 달마 스님을 직접 한번 봐야 비로소 만났다 할 수 있겠지만 이것도 벌써 시비분별에 떨어졌다.

꿈 모르는 어리석은 사람 앞에서
꿈을 깬 뒤 꿈 이야기 해선 안 되니
달마 스님 수염 없다 말하는 것은
깨어 있는 사람 앞에 어리석은 짓.

5. 香嚴上樹

香嚴和尙云.[1] 如人上樹 口銜樹枝 手不攀枝 脚
향엄화상운 여인상수 구함수지 수불반지 각

不踏樹 樹下有人 問西來意 不對卽違 他所問若
부답수 수하유인 문서래의 부대즉위 타소문약

對又喪身失命 正恁麼時 作麽生對.
대우상신실명 정임마시 자마생대

---

1. 향엄지한香嚴智閑은 당나라 선승으로서 법호는 지한智閑이며 산동성 사람인데 생몰연대가 확실하지 않다. 백장 스님에게 출가한 뒤 백장 스님이 입적하자 위산 스님에게 가서 공부를 했다. 그가 법기法器임을 안 위산 스님이 "네가 세상에 나오기 전 너의 본래면목이 무엇이냐?"라고 묻자, 그는 이리 생각하고 저리 따져 몇 마디 대답해 보았으나 스님은 모두 아니라고 하였다. 위산 스님에게 가르쳐 주기를 청하자 위산 스님은 "내가 말하면 내 소견이지 너에게 무슨 소용이 되겠느냐?"라고 하였다. 지한 스님은 울분을 머금고 위산 스님을 하직하고 남양에 가서 혜충 스님이 살던 터에 암자를 짓고 수행하였다. 하루는 풀을 베다 기와 부스러기를 주워 던진 것이 대나무에 맞아 '딱' 하는 소리가 났다. 그 소리에 깨달은 그는 그때서야 위산영우 스님의 깊은 뜻을 깨달았다. 그는 목욕하고 향을 사른 뒤 멀리 위산 스님이 있는 쪽을 바라보며 절을 하고 게송을 읊었다.
"대나무 돌 맞는 소리에 아는 것을 모두 잊으니, 다시 애써 닦을 일이 아니로다. [一擊忘所知 更不假修治]"

나뭇가지 입에 물고 대답하자니

향엄 스님이 물었다.

"높은 나무에 올라가 입으로만 나뭇가지를 물고 손발을 허우적거리며 대롱대롱 매달려 있는 사람에게 나무 밑에서 어떤 사람이 '서쪽에서 오신 달마 스님의 뜻'을 묻는다고 하자. 대답하지 못하면 뜻에 어긋나고 대답하면 목숨을 잃게 되는, 바로 이러한 때 어떻게 대답할 것인가?"

無門曰.
무문왈

縱有懸河之辨 總用不著
종유현하지변 총용불착

說得一大藏教[1] 亦用不著.
설득일대장교 역용불착

若向者裏 對得著 活却從前死路頭 死却從前活路
약향자리 대득착 활각종전사로두 사각종전활로

頭. 其或未然 直待當來 問彌勒.
두 기혹미연 직대당래 문미륵

頌曰
송왈

香嚴真杜撰[2] 惡毒無盡限
향엄진두찬 악독무진한

啞却衲僧口 通身迸鬼眼.
아각납승구 통신병귀안

---

1. 장교藏教는 부처님의 가르침을 경장經藏, 율장律藏, 논장論藏으로 갈무리해 놓은 것이니 팔만대장경을 통틀어 말한 것이다.
2. 두찬杜撰은 전거가 불확실하거나 격식에 맞지 않는 시문을 가리키는 말이다.

설사 거침없는 달변이라도 조금도 쓸모가 없고 팔만대장경을 전부 설한다 해도 쓸모가 없다.

여기에서 대답할 수 있다면 죽음의 길을 살릴 수도 있고 사는 길을 죽일 수도 있다.

그렇지 못하다면 오는 세상을 기다려 미륵 부처님께 물어보아라.

> 향엄 스님 쓸모없는 말을 많이 해
> 하는 짓이 악독하기 그지없기에
> 공부하는 사람들 입 틀어막으니
> 온몸에서 귀신 눈알 쫓아 버리네.

6. 世尊拈花

世尊 昔在靈山會上 拈花示衆.[1] 是時 衆皆默然 惟
세존 석재영산회상 염화시중 시시 중개묵연 유

迦葉尊者[2] 破顔微笑. 世尊云
가섭존자 파안미소 세존운

吾有正法眼藏 涅槃妙心 實相無相 微妙法門
오유정법안장 열반묘심 실상무상 미묘법문

不立文字 敎外別傳 付囑摩訶迦葉.
불립문자 교외별전 부촉마하가섭

---

1. 세존이 가섭에게 마음을 전했다는 것은 어떤 말이나 설명이 필요 없이 부처님의 마음과 가섭의 마음이 통하여 이심전심以心傳心으로 가섭의 공부를 인가했다는 것이다. 가섭이 부처님께 마음으로 법을 전해 받은 것, 이것이 선종禪宗의 시작이 되었다. 뒷날 부처님이 꽃을 들어 대중에게 보인 이 일을 두고 '염화시중拈花示衆'이라 말하기도 하며 또 꽃을 드니 가섭이 빙그레 웃었다고 하여 '염화미소拈花微笑'라고도 한다.
2. 가섭은 부처님 십대제자 중 한 사람이다. 고행의 일인자로서 두타제일頭陀第一이라고 하였다. 부처님의 법을 이어 선종의 초조가 되었다. 그는 아난에게 다음과 같은 전법게를 전하였다. "법은 법으로서 본래 법인데 법이라고 할 것도 없고 법 아니라고 할 것도 없다. 어찌 한 법 가운데서 법이 있기도 하고 법 아니기도 할 것인가.[法法本來法 無法無非法 何於一法中 有法有不法]"

세존께서 꽃을 들어 보이니

세존께서 옛날 영산회상에서 꽃을 들어 대중에게 보였다.

이때 대중들이 모두 말이 없었지만 오직 가섭존자만이 환하게 웃었다. 세존께서 말씀하셨다.

"나에게 바른 법을 보는 안목을 모아놓은 정법안장과, 번뇌가 다 사라진 오묘한 마음인 열반묘심, 어떤 것에도 집착할 것이 없는 실제 모습인 실상무상의 미묘한 법문, 그리고 문자를 내세우지 않고 가르침 밖에 마음으로 전하는 법이 따로 있으니, 이 법을 마하가섭이 후세에 전하기를 당부하노라."

無門曰.
무문왈

黃面瞿曇[1] 傍若無人
황면구담 방약무인

壓良為賤 懸羊頭賣狗肉 將謂多少奇特.
압량위천 현양두매구육 장위다소기특

只如當時 大衆都笑 正法眼藏 作麼生傳. 設使迦
지여당시 대중도소 정법안장 자마생전 설사가

葉不笑 正法眼藏 又作麼生傳. 若道 正法眼藏 有
섭불소 정법안장 우자마생전 약도 정법안장 유

傳授 黃面老子 誑謼閭閻. 若道 無傳授 為甚麼獨
전수 황면노자 광호여염 약도 무전수 위삼마독

許迦葉.
허가섭

頌曰
송왈

拈起花來 尾巴已露 迦葉破顏 人天罔措.
염기화래 미파이로 가섭파안 인천망조

1. '황면구담黃面瞿曇'은 석가모니 부처님을 이르는 말이다.

세존이 아무도 없는 것처럼 함부로 말을 한다. 양민을 억지로 노비 삼고, 맛있는 양머리를 걸어놓고 개고기를 파니 그거 참 기특하긴 하다만서도……

다만 그때 대중이 모두 웃었다면 정법안장을 누구에게 전했을 것인가. 가섭이 웃지 않았더라면 정법안장을 어떻게 전한단 말인가.

정법안장을 전해 준 것이 있다고 하면 세존은 세상 사람을 속인 것이다. 그런데 전해 준 것이 없다고 말하면서 왜 유독 가섭에게만 전했단 말인가.

세존께서 말이 없이 꽃을 드는 건
숨긴 꼬리 이미 통째 드러난 모습
가섭만이 소리 없이 웃고 있지만
대중들은 어리둥절 그 뜻 몰랐네.

7. 趙州洗鉢

趙州 因僧問 某甲 乍入叢林 乞師指示.[1]
조주 인승문 모갑 사입총림 걸사지시

州云 喫粥了也未.
주운 끽죽료야미

僧云 喫粥了也.
승운 끽죽료야

州云 洗鉢盂去.
주운 세발우거

其僧有省.
기승유성

1. 탁발로 살아가는 수행자라는 의미에서 스님을 '걸사乞士'라고 부른다.

밥그릇을 씻어라

조주 스님에게 어떤 스님이 물었다.

"제가 막 총림에 들어와 공부하고 있는데, 스님께서는 가르침을 주시옵소서."

"아침 죽을 먹었느냐?"

"먹었습니다."

"밥그릇을 씻어라."

가르침을 청했던 그 스님은 마음속에 짚이는 것이 있었다.

無門曰.
무문왈

趙州 開口見膽 露出心肝
조주 개구현담 노출심간

者僧聽事不真 喚鐘作甕.
자승청사부진 환종작옹

頌曰
송왈

只為分明極 翻令所得遲
지위분명극 번령소득지

早知燈是火 飯熟已多時.
조지등시화 반숙이다시

조주 스님이 입을 열어 쓸개를 보이고 심장과 간까지도 다 드러내었지만,

가르침을 청했던 스님은 바로 알아듣지 못해서, 종을 항아리라 부르고 있다.

> 너무나도 분명했던 법이었기에
> 도리어 깨달음을 더디게 하니
> 등불 그게 불씨인 줄 알았더라면
> 밥은 벌써 오래 전에 되었을 텐데……

8. 奚仲造車

月庵和尙[1] 問僧 奚仲造車一百輻[2] 拈却兩頭去
월암화상 문승 해중조거일백복 염각양두거

却軸 明甚麼邊事.[3]
각축 명삼마변사

無門曰. 若也直下明得 眼似流星 機如掣電.
무문왈 약야직하명득 안사유성 기여체전

頌曰
송왈

機輪轉處 達者猶迷 四維上下 南北東西.
기륜전처 달자유미 사유상하 남북동서

---

1. 오조법연의 손제자이다.
2. 해중은 우임금의 신하로서 최초로 수레를 만든 사람이다.
3. 『도덕경』에 보면 " 바퀴살 서른 개를 바퀴에 다 꽂고도 바퀴통 가운데가 비어 있어야 그 자리에 굴대가 끼워져 수레가 굴러간다. 찰흙을 반죽하여 온갖 그릇을 만든다 해도 그 속이 비어 있어야 그릇으로 쓸 수 있다.[三十輻共一轂 當其無有車之用.埏埴以爲器 當其無 有器之用]"라는 구절이 나온다. 바퀴와 그릇, 문이나 창문이 유용하게 쓰이려면 빈 공간이 있어야 한다. 사람의 마음씀씀이도 그러하니 자기 생각을 비워야 부처님의 마음을 쓸 수 있다.

해중이 수레를 만들고 해체하니

월암 스님이 어떤 스님에게 물었다.
"해중은 수레 백 대를 만든 사람인데 두 바퀴를 떼어내고 굴대의 축을 빼내 버리니, 대체 무엇을 밝히려 하는 것인가?"

이를 바로 알 수만 있다면, 별처럼 반짝이는 눈으로 번개도 잡을만한 대장부로다.

> 대장부의 삶이 있는 모든 곳에선
> 도를 통한 사람들도 어리석은 듯
> 동서남북 하늘과 땅 가리지 않고
> 거침없이 살아가는 자유인일세.

9. 大通智勝

興陽讓和尚[1] 因僧問 大通智勝佛[2] 十劫坐道場
홍양양화상 인승문 대통지승불 십겁좌도량

佛法不現前 不得成佛道 時如何.
불법불현전 부득성불도 시여하

讓曰 其問甚諦當.
양왈 기문심체당

僧云 既是坐道場 為甚麼 不得成佛道.
승운 기시좌도량 위삼마 부득성불도

讓曰 為伊不成佛.
양왈 위이불성불

---

1. 청양淸讓 스님은 위산영우 5세의 법손이다.
2. '대통지승불'은 무한히 먼 과거인 아승지겁 전의 호성好城이란 나라에 있던 부처님이다. 『묘법연화경』 화성유품化城喩品에 일화가 전한다. 출가 전에는 16명의 왕자를 둔 전륜성왕이었고, 10소겁 동안 결가부좌하고 몸과 마음을 움직이지 않았으나 불법을 이루지 못하였다. 이를 안타깝게 여긴 도리천 사람들이 그를 위하여 보리수 아래에 사자좌를 마련하였고 이 자리에서 다시 10소겁을 선정에 들어 최상의 깨달음을 얻었다. 왕자들은 아버지가 최상의 깨달음을 얻었다는 말을 듣고는 모두 출가하여 수행자가 되었다. 그 중 막내아들은 석가모니불의 전생이라고 한다.

대통지승불의 시절은 어떤 시절인가

흥양의 청양淸讓 스님에게 어떤 스님이 물었다.

“크게 통달한 지혜로 뛰어난 대통지승불은 10겁이라는 오랜 세월을 부처님의 도량에서 좌선하였지만 불법이 드러나지 않아 불도를 이루지 못했는데, 그 시절이 어떤 시절이기에 그렇습니까?”

“그 질문은 듣고 보니 그러네.”

“부처님의 도량에서 좌선했는데도 왜 불도를 이루지 못했습니까?”

“그대 중생을 위하여 성불하지 않았을 뿐이다.”

無門曰.
무문왈

只許老胡知[1] 不許老胡會.[2]
지허노호지 불허노호회

凡夫若知 即是聖人 聖人若會 即是凡夫.
범부약지 즉시성인 성인약회 즉시범부

頌曰
송왈

了身何似了心休 了得心兮身不愁
요신하사료심휴 요득심혜신불수

若也身心俱了了 神仙何必更封侯.
약야신심구요료 신선하필갱봉후

1. 노호老胡는 늙은 오랑캐로 부처님을 뜻한다.
2. 여기서 '지知'는 부처님의 지혜요, '회會'는 '이해하다'라는 뜻으로 중생의 시비 분별이다.

'부처님의 앎'만 인정할 뿐 '부처님의 알음알이'를 인정하지 않는다. 범부의 앎이 '부처님의 앎'이라면 범부도 성인이요, 성인의 앎이 '부처님의 알음알이'라면 성인도 범부이다.

몸 아는 것 '마음 알고 쉬는 삶'과 어찌 같나
마음 바로 안다면야 걱정할 몸 없으리니
몸과 마음 함께 모두 다 알 수만 있다면야
신선된 뒤 다시 신선하겠다고 졸라댈까.

10. 淸稅孤貧

曹山和尚[1] 因僧問云
조산화상 인승문운

淸稅孤貧 乞師賑濟.
청세고빈 걸사진제

山云 稅闍梨.[2]
산운 세사리

稅 應諾.
세 응낙

山曰 靑原白家酒 三盞喫了 猶道未沾脣.
산왈 청원백가주 삼잔끽료 유도미첨순

---

1. 조산본적(840-901)은 동산양개의 법통을 이어받고, 스승과 함께 조동종의 개조가 되었다. 당나라 스님으로 법명은 본적本寂이고 탐장은 이름이라고 한다. 복건성에서 태어났는데 어려서 유학에 정통했고 열아홉 살에 출가하여 동산스님에게 법을 받았다. 함통咸通 8년 하옥산荷玉山으로 거처를 옮기고 동산의 오위 법문을 완성하여 그 종지를 크게 떨쳤다. 동산과 조산의 가풍은 더욱 융성하여 문도들이 나날이 모여드니 마침내 조동종이 만들어졌다. 저서로는『조산어록』2권이 있다.
2. '사리闍梨'는 '아사리阿闍梨'의 약칭인데 스승을 뜻한다. 여기서는 일부러 조산스님이 청세 스님을 높여 부른 것이다.

저는 홀로 가난하오니

조산 스님에게 청세 스님이 물었다

"저는 홀로 가난하오니 스님께서 저의 가난을 구제해 주시옵소서."

"청세 스님."

"네."

"청원에 있는 백씨의 맛있는 술을 석 잔이나 마셨으면서도 아직까지 입술을 적시지 못했다고 말하는구나."

無門曰.
무문왈

淸稅輸機 是何心行. 曹山具眼 深辨來.
청세수기 시하심행 조산구안 심변래

機然 雖如是 且道. 那裏是稅闍梨喫酒處.
기연 수여시 차도 나리시세사리끽주처

頌曰
송왈

貧似范丹[1] 氣如項羽 活計雖無 敢與鬪富.
빈사범단 기여항우 활계수무 감여투부

---

1. 범단은 후한 진류 외항 사람으로 궁핍하게 살면서도 의연했다고 한다. 집안 시루에 먼지가 끼고 가마솥에 물고기를 기를 정도로 아주 청빈한 선비였다.

청세 스님의 삐딱한 행동은 도대체 무슨 심보인가. 조산 스님은 안목이 있기에 청세 스님의 그릇을 제대로 알았다.

그러나 이와 같더라도 한번 일러 보아라. 어느 곳이 청세 스님이 맛있는 술을 마신 곳인지를.

청세 스님 그 가난은 청빈하기 범단 같고
그 기개는 항우장사 거침없이 높고 높아
살아가는 대책 없고 살림살이 없지마는
조산 스님 앞에 두고 감히 부를 다툰다네.

11. 州勘庵主

趙州 到一庵主處[1] 問 有麼有麼 主竪起拳頭.
조주 도일암주처 문 유마유마 주수기권두

州云 水淺不是泊舡處 便行.
주운 수천불시박강처 변행

又到一庵主處云 有麼有麼 主亦竪起拳頭.
우도일암주처운 유마유마 주역수기권두

州云 能縱能奪 能殺能活 便作禮.
주운 능종능탈 능살능활 변작례

---

1. '암주'는 원래 공부를 성취하여도 세상에 나오지 않고 작은 암자에 살면서 도를 즐기는 도인을 말하였다.

조주 스님이 암주를 찾아가 묻기를

조주 스님이 한 암주를 찾아가 "있느냐, 있느냐?"라고 물으니 암주가 주먹을 내밀었다.

조주 스님은 "물이 얕아 배 댈 곳이 아니구나."라고 말하면서 바로 가버렸다.

또 다른 암주를 찾아가 "있느냐, 있느냐?"라고 물으니, 그 암주도 주먹을 내밀었다.

조주 스님은 "죽이고 살리는 일이 자유자재합니다."라고 말하면서 바로 예를 올렸다.

無門曰.
무문왈

一般竪起拳頭 為甚麼 肯一箇不肯一箇.
일반수기권두 위삼마 긍일개불긍일개

且道. 誵訛在甚處.
차도 효와재삼처

若向者裏 下得一轉語 便見趙州 舌頭無骨 扶起放
약향자리 하득일전어 변견조주 설두무골 부기방

倒 得大自在.
도 득대자재

雖然如是 爭奈趙州却被 二庵主勘破. 若道 二庵
수연여시 쟁내조주각피 이암주감파 약도 이암

主 有優劣 未具參學眼 若道 無優劣 亦未具參學
주 유우열 미구참학안 약도 무우열 역미구참학

眼.
안

頌曰
송왈

眼流星 機掣電 殺人刀 活人劍.
안유성 기체전 살인도 활인검

똑같이 주먹을 내밀었는데 왜 한쪽은 인정하고 한쪽은 인정하지 않는가.

한번 일러 보아라. 어느 곳에 허물이 있는가를.

이곳에서 한마디 할 수 있다면 조주 스님의 뼈 없는 혀가 자유자재 쓰이는 곳을 바로 본다.

비록 이렇다 하더라도 조주 스님이 두 암주에게 당한 것을 어찌하리. 두 암주의 더 낫고 못함을 말한다면 아직 공부하는 눈을 갖추지 못한 것이며, 더 낫고 못함이 없다고 말을 해도 이 또한 아직 공부하는 눈을 갖추지 못한 것이다.

별빛 같은 눈빛으로 번개 잡는 대장부라
죽이는 칼 살리는 칼 마음대로 쓰는구나.

12. 巖喚主人

瑞巖彦和尚[1] 每日 自喚主人公[2] 復自應諾.
서암언화상 매일 자환주인공 부자응낙

乃云惺惺著.
내운성성착

喏.
낙

他時 異日 莫受人瞞.
타시 이일 막수인만

喏喏.
낙낙

---

1. 서암사언瑞巖師彦(?-887) 스님은 암두巖頭 스님의 법을 이었으며 청원 7세 법손이다.
2. 이는 우리 마음의 주인공을 말한다. 주인공은 곧 '부처님 마음'이다. 이 참마음은 바른 안목 '정안正眼', 오묘한 마음 '묘심妙心', 영원히 밝은 등불 '무진등無盡燈', 마음의 근원 '심원心源', 부처님의 마음 도장 '심인心印' 등 여러 가지로 부를 수도 있다.

서암 스님은 스스로 묻고 답하기를

서암 스님은 매일 자문자답하기를,

"주인공아."
"네."

"마음이 깨어 있거라."
"네."

"뒷날 다른 사람에게 속지 마라."
"네, 네."라고 하였다.

無門曰.
무문왈

瑞巖老子 自買自賣 弄出許多神頭鬼面.
서암노자 자매자매 농출허다신두귀면

何故 聻[1] 一箇喚底 一箇應底 一箇惺惺底 一箇
하고 이 일개환저 일개응저 일개성성저 일개

不受人瞞底 認著依前 還不是.
불수인만저 인착의전 환불시

若也 傚他 總是野狐見解.[2]
약야 효타 총시야호견해

頌曰
송왈

學道之人不識真 只為從前認識神
학도지인불식진 지위종전인식신

無量劫來生死本 癡人喚作本來人.
무량겁래생사본 치인환작본래인

---

1. '이聻'은 선어록에서 '그것'이라든가 '자!' 등의 사물을 가리키는 추임새로 쓰이는 글자이다. 20칙, 40칙에도 나온다.
2. 시비분별이 끊이지 않는 '중생의 알음알이'를 교활하고 의심이 많은 여우에 비유한 것이다.

서암 늙은이가 스스로 자신을 사고팔며 쓸데없는 귀신놀음을 하고 있다.

왜냐하면 "주인공아." "네." "마음이 깨어 있어라." "뒷날 다른 사람에게 속지 마라." 하는 이런 모든 것도 집착하는 모습이니, 여전히 본분사와는 맞지 않기 때문이다.

만약 이를 따라만 한다면, 이 모든 것도 의심 많은 여우를 따라가는 것이다.

> 도 배우는 사람들이 진리 알지 못한 까닭
> 늘 써오던 그 마음만 알고 있기 때문이니
> 사람들이 어리석어 무시이래 생사근본
> 그걸 갖다 '주인공아' 부르기도 하는구나.

13. 德山托鉢

德山一日 托鉢下堂 見雪峯問[1] 者老漢 鐘未鳴 鼓
덕산일일 탁발하당 견설봉문 자노한 종미명 고

未響 托鉢向甚處去. 山便回方丈.
미향 탁발향삼처거 산변회방장

峯擧似巖頭[2] 頭云 大小德山 未會末後句.
봉거사암두 두운 대소덕산 미회말후구

山聞 令侍者 喚巖頭來 問曰 汝不肯老僧那.
산문 영시자 환암두래 문왈 여불긍노승나

巖頭密啟其意 山乃休去.
암두밀계기의 산내휴거

---

1. 설봉의존(822-908) 스님은 당나라 스님으로서 복건성 사람이며 호가 설봉雪峰이다. 열일곱 살 때 머리를 깎고 유주幽州 보찰사寶刹寺에서 구족계具足戒를 받았다. 덕산 스님에게 법을 묻다가 한 방망이 맞고 깨친 바 있었지만 아직 완전하지 못했는데, 사형되는 암두巖頭 스님이 꾸짖는 데서 깨달음을 얻게 된다. 그 뒤 무릉武陵 덕산德山에 있던 선감 스님을 찾아가 그의 법을 이었다.
2. 암두전활巖頭全豁(828-887)은 당나라 선승으로서 설봉의존雪峰義存과 흠산문수欽山文邃와 벗이 되어 함께 앙산혜적仰山慧寂과 덕산선감에게서 공부하였다. 덕산 밑에서 깨달아 그의 법을 이었다.

덕산 스님이 발우를 들고

덕산 스님이 하루는 발우를 들고 식당으로 내려가다 설봉 스님의 질문을 받았다.

"노스님께서는 종도 치지 않고 북도 울리지 않았는데 발우를 들고 어디로 가십니까?" 그러자 덕산 스님은 바로 방장실로 돌아갔다.

설봉 스님이 이 일을 암두 스님에게 말하니 암두 스님이 "공부 좀 하셨다는 덕산 노스님께서 '마지막 말의 뜻'을 몰랐구나."라고 말하였다.

덕산 스님이 이 소리를 듣고 시자에게 암두 스님을 불러오라 하여, "그대는 내 공부를 인정하지 않는가?"라고 물었다. 암두 스님이 은밀하게 그 뜻을 일러주니 덕산 스님은 더 이상 이 일을 논하지 않았다.

明日 陞座果與尋常不同. 巖頭至僧堂前 拊掌大笑
명일 승좌과여심상부동 암두지승당전 부장대소

云 且喜得老漢會末後句 他後天下人不奈伊何.
운 차희득노한회말후구 타후천하인불내이하

無門曰.
무문왈

若是末後句 巖頭德山俱未夢見在.[1]
약시말후구 암두덕산구미몽견재

檢點將來 好似一棚傀儡.[2]
검점장래 호사일붕괴뢰

頌曰
송왈

識得最初句 便會末後句 末後與最初 不是者一句.
식득최초구 변회말후구 말후여최초 불시자일구

---

1. 덕산선감德山宣鑑(780-865)은 속성이 주周씨로서 『금강경』을 잘 알기에 주금강周金剛이라고 불렸다. 그의 제자로는 암두전활과 설봉의존이 있다. 당나라 무종武宗(841-846) 때 법난을 겪은 뒤에 가는 곳마다 불전佛殿을 없애고 법을 설하는 법당만 두었다. 방망이를 활용하여 많은 가르침을 펼쳤기에 그의 가르침을 '덕산의 방망이'이라고 하였다.
2. 덕산 스님과 암두 스님이 설봉 스님을 깨우쳐 주기 위해 이 일을 꾸몄다고 하니, 무문 스님은 이를 꼭두각시놀음과 같다고 한 것이다.

그 다음날 덕산 스님이 법좌에 올랐는데 과연 평상시 하던 법문과는 내용이 달랐다.

암두 스님이 승당 앞에서 손바닥을 가볍게 두드리고 크게 웃으면서 "노스님께서 '말의 뜻'을 안 것이 기쁘다. 오늘부터 천하 어떤 사람도 저 분의 법을 흔들지 못할 거야."라고 말하였다.

이것이 '마지막 말의 뜻'이라면 암두와 덕산 스님 두 분조차 아직 꿈에도 법을 보지 못한 것이니, 낱낱이 살펴보자면 인형극 무대의 꼭두각시놀음과 같다.

처음부터 말의 뜻을 알고 있다면
'마지막 말' 그 뜻조차 바로 아는데
'처음 말'과 '마지막 말' 안다 하여도
'근본 아는 말 한마디' 아직 아니네.

14. 南泉斬猫

南泉和尚[1] 因東西堂爭猫兒 泉乃提起云
남전화상 인동서당쟁묘아 전내제기운

大衆 道得即救 道不得即 斬却也.
대중 도득 즉구 도부득즉 참각야

衆 無對 泉遂斬之. 晩 趙州外歸 泉擧似州. 州乃脫
중 무대 전수참지 만 조주외귀 전거사주 주내탈

履 安頭上而出. 泉云 子若在 即救得猫兒.
리 안두상이출 전운 자약재 즉구득묘아

1. 남전보원南泉普願(748-834)은 마조도일馬祖道一의 법을 이었고 그의 제자로는 유명한 조주종심趙州從諗 선사가 있다.

남전 스님이 고양이를 잡아들고

동당과 서당 스님들이 고양이를 가지고 다투자 남전 스님이 고양이를 잡아들고 말하였다.

"대중들이여, 법에 대하여 한마디 이르면 고양이를 살려줄 것이요, 한마디를 이르지 못한다면 고양이를 베어 죽이리라."

대중들이 아무 말이 없자 남전 스님은 그 자리서 고양이를 베어 죽였다. 저녁 늦게 조주 스님이 밖에서 돌아오자 남전 스님이 조주 스님에게 이 일을 말하였다. 그러자 조주 스님은 짚신을 벗어 머리에 이고 방에서 나가버렸다.

남전 스님이 말하였다.
"그대가 있었다면 고양이를 살릴 수 있었을 것인데……"

無門曰.
무문왈

且道. 趙州頂草鞋意 作麼生.
차도 조주정초혜의 자마생

若向者裏 下得一轉語 便見南泉令 不虛行.
약향자리 하득일전어 변견남전영 불허행

其或未然險.
기혹미연험

頌曰
송왈

趙州若在 倒行此令
조주약재 도행차령

奪却刀子 南泉乞命.
탈각도자 남전걸명

한번 일러 보아라.
조주 스님이 짚신을 머리에 얹은 뜻이 무엇인고?

이곳에서 한마디 말할 수 있다면,
바로 남전 스님이 말한 뜻이 헛되지 않음을 볼 것이다.

그렇지 못하다면 그대들의 목숨도 위험하다.

> 조주 스님 그 자리에 함께 있다면
> 법에 대한 한마디를 거꾸로 돌려
> 고양이를 죽이려던 칼을 뺏기에
> 남전 스님 제 목숨을 구걸하리라.

15. 洞山三頓

雲門 因洞山參次.[1]
운문 인동산참차

門問曰 近離甚處. 山云 査渡.
문문왈 근리심처 산운 사도

門曰 夏在甚處. 山云 湖南報慈.
문왈 하재심처 산운 호남보자

門曰 幾時離彼.
문왈 기시이피

山云 八月二十五. 門曰 放汝三頓棒.
산운 팔월이십오 문왈 방여삼돈방

1. 운문문언의 제자인 동산수초洞山守初 스님을 말한다.

세 번 매질 당한 동산 스님

동산 스님이 찾아오자 운문 스님이 물었다.

"어디서 왔는가?"
"사도에서 왔습니다."

"여름에 어디에서 지냈는가?"
"호남 지방 보자사에서 지냈습니다."

"언제 거기서 떠났는가?"
"8월 25일에 떠났습니다."

"그대에게 세 번 때려주었노라."

山 至明日 却上問訊 昨日 蒙和尚放三頓棒 不知過
산 지명일 각상문신 작일 몽화상방삼돈방 부지과

在甚麼處.
재삼마처

門曰 飯袋子 江西湖南便恁麼去. 山 於此大悟.
문왈 반대자 강서호남변임마거 산 어차대오

無門曰.
무문왈

雲門[1] 當時 便與本分草料[2] 使洞山別有生機一
운문 당시 변여본분초료 사동산별유생기일

路 家門不致寂寥.
로 가문불치적요

一夜 在是非海裏 著到直待天明 再來
일야 재시비해리 착도직대천명 재래

又與他注破 洞山直下悟去 未是性燥.
우여타주파 동산직하오거 미시성조

---

1. 운문문언雲門文偃(864-949)은 당나라 말기 스님으로서 운문종 초조인데 법명이 문언이다. 어릴 때부터 출가에 뜻을 두어 열일곱 살 때 가홍 공왕사에서 출가하여 스무 살 때 구족계를 받고 온갖 경전을 열람하며 사분율四分律을 깊이 연구하였다. 설봉의존雪峰義存 스님에게서 인가를 받았다.
2. '본분초료本分草料'는 본래 모습을 깨닫게 하기 위해, 선승禪僧이 수행자에게 주는 적절한 가르침이다. 수행자를 말이나 소에, 선승의 유익한 교훈을 여물에 비유한 것이다.

동산 스님이 다음날 아침 운문 스님을 찾아가 물었다.

"어제 스님에게 세 번 맞았는데 제 허물이 어디에 있는지 모르겠습니다."

"이 밥통아! 강서 호남 지방을 생각 없이 오가기만 했느냐?"

동산 스님은 여기에서 크게 깨달았다.

운문 스님이 그 당시 바로 본디 모습을 깨닫는 몇 마디를 일러주어 동산 스님에게 따로 살 길을 주었기에 조사 가문이 살아 있게 되었다.

동산 스님이 온 밤을 온갖 시비분별 속에 빠져 있다가 아침이 되어 다시 찾아오기에 운문 스님이 그에게 몇 마디를 더 일러 주자 동산 스님은 그 자리서 바로 깨달았다. 그러나 아직 영리한 사람은 아니다.

且問 諸人 洞山三頓棒 合喫不合喫.
차문 제인 동산삼돈방 합끽불합끽

若道合喫 草木叢林 皆合喫棒
약도합끽 초목총림 개합끽방

若道 不合喫 雲門 又成誑語.
약도 불합끽 운문 우성광어

向者裏明得 方與洞山出一口氣.
향자리명득 방여동산출일구기

頌曰
송왈

獅子教兒迷子訣 擬前跳躑早翻身
사자교아미자결 의전도척조번신

無端再敘當頭著 前箭猶輕後箭深.
무단재서당두착 전전유경후전심

모든 사람에게 묻노니, 동산 스님이 세 번 매질을 당한 것이냐, 아니냐?

매질을 당했다고 말한다면 산하대지 초목총림이 모두 매질을 당한 것이요, 매질을 당하지 않았다고 말한다면 운문 스님이 또 거짓말을 한 셈이다.

이 자리에서 분명히 알아야 비로소 동산 스님과 함께 숨을 쉰다.

사자들이 새끼들을 가르치는 비결이야
벼랑 뛰기 머뭇할 때 발로 차 버리는 것
무심하게 말한 말들 머릿속에 박히기에
나중에 쏜 화살들이 더욱 깊이 박히리라.

16. 鐘聲七條

雲門曰 世界恁麼廣闊 因甚向鐘聲裏 披七條.[1]
운문왈 세계임마광활 인삼향종성리 피칠조

無門曰.
무문왈

大凡 參禪學道 切忌隨聲逐色. 縱使聞聲悟道見色
대범 참선학도 절기수성축색 종사문성오도견색

明心[2] 也是尋常.
명심 야시심상

---

1. 공양하러 갈 때 입는 복장이다. '가사'는 범어 'Kasaya'의 음역인데 부정색不正色, 염색染色, 괴색壞色이라 번역하니 가사를 만들 때 낡고 바랜 천을 썼기 때문이다. 직사각형 베 조각들을 세로로 나란히 꿰맨 것을 1조條로 하여 5조를 가로로 나란히 꿰맨 것을 안타회, 7조를 가로로 나란히 꿰맨 것을 울다라승, 9조 내지 25조를 가로로 나란히 꿰맨 것을 승가리라고 한다.
2. 영운靈雲 스님은 위산영우潙山靈祐의 제자로서 다음과 같은 오도송을 지었다.
   三十年來尋劍客 삼십 년을 검을 찾던 나그네시여
   幾回落葉又抽枝 몇 번이나 낙엽 지고 가지 뻗던가
   自從一見桃華後 복숭아꽃 한번 보고 난 그 뒤부터
   直至如今更不疑 지금까지 다시 의심 하지 않았네.

종소리에 칠조 가사를 입고

운문 스님이 말하였다.

"세계가 이렇게 크고 넓어 할 일이 많은데도, 무엇 때문에 종소리를 듣고는 칠조 가사를 입고 식당에 가야 하는가?"

참선하며 도를 닦는 사람들은 절대로 소리와 색에 현혹되어서는 안 된다. 설사 향엄 스님처럼 대나무 부딪치는 소리를 듣고 도를 깨닫고, 영운 스님처럼 복숭아꽃을 보고 마음을 밝혔더라도 이는 귀한 일이 아니다.

殊不知 衲僧家 騎聲蓋色 頭頭上明 著著上妙.
수부지 납승가 기성개색 두두상명 착착상묘

然雖如是 且道.
연수여시 차도

聲來耳畔 耳往聲邊.
성래이반 이왕성변

直饒響寂双忘 到此 如何話會.
직요향적쌍망 도차 여하화회

若將耳聽應難會 眼處聞聲方始親.
약장이청응난회 안처문성방시친

頌曰
송왈

會則 事同一家 不會 萬別千差
회즉 사동일가 불회 만별천차

不會 事同一家 會則 萬別千差.
불회 사동일가 회즉 만별천차

이런 일에 집착하는 사람들은 납자들이 소리와 색에 자유로워 그 모든 곳에서 밝고 오묘한 도리를 쓰고 있는 줄 조금도 알지 못한다.

이렇다 하더라도 한번 일러 보아라.

소리가 귓가에 오는 것인가, 아니면 귀가 소리 곁으로 가는 것인가? 설사 소리와 고요함의 차별을 잊더라도, 여기에서 어떻게 이 경계를 이야기할 것인가?

귀로 들어도 알기가 어렵다면
눈에서 소리를 들어야 알 것이다.

> 알고 나면 보는 모습 하나하나 우리 집안
> 모른다면 보는 모습 하나하나 천차만별
> 모르기에 보는 모습 하나하나 우리 집안
> 안다 하니 보는 모습 하나하나 천차만별.

17. 國師三喚

國師[1] 三喚侍者 侍者三應.[2]
국사 삼환시자 시자삼응

國師云
국사운

將謂吾辜負汝 元來却是汝辜負吾.
장위오고부여 원래각시여고부오

---

1. 남양충南陽忠(?-775)에서 남양南陽은 법호이고 '충忠'은 혜충慧忠으로 이름이다. 육조혜능에게 인가를 받고 오령·나부·사명·천목산 등 여러 명산을 다닌 뒤 남양의 백애산 당자곡에 들어가 40여 년을 산에서 나오지 않았다고 한다. 현종·숙종·대종이 스님께 귀의하고 뒤에 서울로 가 중생교화를 크게 펴니 따르는 학자들이 수없이 많았다. 항상 남악혜사南岳慧思의 종풍을 사모하였기에 임금께 주청하여 형악의 무당산에 태일연창사를, 당자곡에 향엄장수사를 창건하고 각각 장경藏經 한 질을 모셨다. 당 대력 10년(775) 12월 9일 당자곡에서 입적하니 '대증大證 선사'의 시호를 내려 주었다.
2. 탐원응진 스님은 당나라 때의 승려로 길주 탐원산에 있어서 탐원耽源 선사로 불렸다. 앙산혜적을 가르쳤다.

국사가 시자를 세 번 부르니

남양혜충 국사가 시자인 탐원 스님을 세 번 부르니 시자가 세 번 대답하였다.

국사가 말하였다.

"내가 그대를 등져 버린 줄 알았는데 그대가 나를 등져 버렸구나."

無門曰.
무문왈

國師三喚 舌頭墮地 侍者三應 和光吐出.
국사삼환 설두타지 시자삼응 화광토출

國師 年老心孤 按牛頭喫草 侍者 未肯承當
국사 연로심고 안우두끽초 시자 미긍승당

美食 不中飽人飡.
미식 부중포인손

且道. 那裏是他辜負處.
차도 나리시타고부처

國淸才子貴 家富小兒嬌.
국청재자귀 가부소아교

頌曰
송왈

鐵枷無孔要人擔 累及兒孫不等閑
철가무공요인담 누급아손부등한

欲得撑門并拄戶 更須赤脚上刀山.
욕득탱문병주호 갱수적각상도산

국사가 세 번 부르면서 애를 썼는데도 시자는 세 번 응대하며 무심하게 대답하였다. 나이 든 국사가 마음이 외롭기에 소의 머리를 어루만지며 풀을 먹이려 하였지만 시자는 전혀 받아들이지 않으니, 맛있는 음식도 배부른 사람에겐 아무런 소용이 없다.

한번 일러 보아라. 어느 곳이 그들이 등진 곳인고?

나라가 태평하면 재주 있는 사람의 지위가 높아지고,
집안이 부유하면 어린아이들이 재롱을 피우니라.

> 구멍 없는 무쇠 칼을 목에 채워서
> 자손들을 끌어들여 애쓰게 하니
> 선종 문호 지탱하려 노력하지만
> 맨발 벗고 칼산 위에 서야 하리라.

18. 洞山三斤

洞山和尚[1] 因僧問 如何是佛 山云 麻三斤.
동산화상 인승문 여하시불 산운 마삼근

無門曰.
무문왈

洞山老人 參得些蚌蛤禪 纔開兩片 露出肝腸.
동산노인 참득사방합선 재개양편 노출간장

然雖如是 且道. 向甚處見洞山. 頌曰
연수여시 차도 향삼처견동산 송왈

突出麻三斤　言親意更親
돌출마삼근　언친의갱친

來說是非者　便是是非人.
내설시비자　변시시비인

---

1. 동산양개洞山良价(807-869) 선사는 당나라 스님으로 절강성에서 태어나 어려서 출가하였다. 운암 스님을 만나 가르침을 받고 깨친 후 강서성 고안현에 있는 동산 보리원에서 가르침을 펴 법을 받은 제자가 26인이었다. 그를 종조를 삼는 조동종은 오늘날 일본에서 융성하고 있다. 그의 저서로는 『보경삼매가寶鏡三昧歌』 『현중명玄中銘』 『동산어록』 등이 있다.

동산 스님의 삼 서 근

동산 스님에게 어떤 스님이 “어떤 분이 부처님입니까?” 라고 물으니, “삼이 서 근.”이라고 대답하였다.

동산 노스님이 조개처럼 입을 꽉 다물고 공부하더니만 양쪽 입술을 열자마자 속까지 다 드러내 보였다. 이와 같다 하더라도 한번 일러 보아라. 어느 곳에서 동산의 참뜻을 볼 것인가?

튀어나온 말 한마디 삼 서 근이라
친근한 말 듣고 보니 뜻도 잘 통해
찾아와서 옳고 그름 따지는 사람
이 사람이 시비분별 그 자체일세.

19. 平常是道

南泉 因趙州問 如何是道. 泉云 平常心是道.[1]
남전 인조주문 여하시도 전운 평상심시도

州云 還可趣向否. 泉云 擬向卽乖.
주운 환가취향부 전운 의향즉괴

州云 不擬 爭知是道泉云 道不屬知 不屬不知 知是
주운 불의 쟁지시도전운 도불속지 불속부지 지시

妄覺 不知是無記.[2] 若真達不擬之道 猶如太虛 廓
망각 부지시무기 약진달불의지도 유여태허 확

然洞豁 豈可強是非也.
연통활 기가강시비야

州 於言下頓悟.
주 어언하돈오

---

1. 여기서 '평상시 쓰는 마음'이라 함은 '망념'과 '알음알이 장애가 되는 지견'이 다 사라진 '무심한 마음자리'이다. 번뇌와 망상 등 죽 끓듯 변덕스러운 중생의 마음이 아니다.
2. '기記'는 선인지 악인지를 판단하여 기록한다는 의미가 있다. 그러므로 '무기無記'란 선으로 단정할 수도 없고 또한 악이라고 단정할 수도 없어 선도 악도 아닌 성품을 말한다. 이 텅 빈 성품에만 집착하여 깜깜한 곳에서 더 이상 공부하지 않고 안주하면 부처님의 지혜가 드러나지 않는다.

평상심이 도이다

조주 스님이 남전 스님에게 물었다.

"어떤 것이 도입니까?"
"평상심이 도다."

"더 나아갈 곳이 있겠습니까?"
"더 나아갈 곳이 있다고 생각하면 도와 어긋난다."

"생각하지 않으면 어찌 도를 알 수 있습니까?"
"도는 아는 것에도 속하지 않고 모르는 것에도 속하지 않는다. 안다는 것은 허망한 깨달음이요, 모른다는 것은 무기無記이다. 참으로 시비분별이 없는 도를 통달한다면 그 마음은 큰 허공처럼 탁 트여 분명하고 분명하니 어찌 억지로 옳고 그름을 가리겠느냐."

조주 스님은 이 말에 금방 깨달았다.

無門曰.
무문왈

南泉 被趙州發問 直得瓦解氷消 分疎不下
남전 피조주발문 직득와해빙소 분소불하

趙州 縱饒悟去 更參三十年始得.
조주 종요오거 갱참삼십년시득

頌曰
송왈

春有百花秋有月 夏有涼風冬有雪
춘유백화추유월 하유량풍동유설

若無閑事挂心頭 便是人間好時節.
약무한사괘심두 변시인간호시절

남전 스님이 조주 스님의 질문에 바로 그 의문을 풀어주어 조그마한 틈도 주지 않았지만, 조주 스님이 깨달았다 하더라도 다시 삼십 년을 공부해야 할 것이다.

봄철에는 온갖 꽃이 가을에는 밝은 달이
여름에는 산들 바람 겨울에는 하얀 눈발
한가로이 노닐면서 마음 쓸 일 없다면야
이게 바로 인간세상 좋은 시절 아니던가.

20. 大力量人

松源和尚云[1]
송원화상운

大力量人 因甚擡脚不起.
대역량인 인삼대각불기

又云 開口不在舌頭上.
우 운 개구부재설두상

1. 송원숭악松源崇岳(1132-1202)은 송나라 때 스님이다.

큰 힘을 지닌 부처님

송원 스님이 말하였다.

"큰 힘을 지닌 부처님이 왜 발을 들지 못할까?"

다시 또 말하기를

"입을 여는 뜻은 혀끝에 있는 것이 아니다."

無門曰.
무문왈

松源 可謂 傾腸倒腹. 只是欠人承當.
송원 가위 경장도복 지시흠인승당

縱饒直下承當 正好來無門處喫痛棒.
종요직하승당 정호래무문처끽통방

何故 聻 要識真金火裏看.
하고 이 요식진금화리간

頌曰
송왈

擡脚踏翻香水海
대각답번향수해

低頭俯視四禪天[1]
저두부시사선천

一箇渾身無處著 請續一句.
일개혼신무처착 청속일구

---

1. '사선四禪'은 색계의 네 가지 선정을 말한다. '색계色界'는 '욕계 위에 있는 세계'로서 천인天人이 거주하는 곳을 말한다. 이 세계에 거주하는 중생들은 음욕을 떠나 있기에 더럽고 거친 색법에는 집착하지 않지만, 청정하고 미세한 색법에 묶여 있으므로 '색계'라고 한다. 즉 물질적인 것은 있어도 감각기관의 욕망을 떠난 청정한 세계로서 남녀의 구별이 없다고 한다. '사선천四禪天', '사정려처四定慮處'라고도 한다.

송원 스님은 모든 것을 다 내보인 사람이라 할 만하다. 다만 그 뜻을 받아들일 만한 사람이 없을 뿐.

설사 그 뜻을 바로 받아들인다 하더라도 바로 내가 있는 곳으로 와 담금질을 받아야 할 것이니, 왜냐하면 그것이 순금인 줄 알려면 불로 녹여서 그 진위를 가려야 하기 때문이다.

> 한 발자국 내디딤에 향수해가 뒤집히고
> 머리 숙여 내려 봄에 사선천이 다 보이며
> 이 한 몸을 천지간에 어디에든 둘 곳 없어
> 부탁하니 이 마지막 한마디를 일러주소.

21. 雲門屎橛

雲門 因僧問 如何是佛 門云 乾屎橛.
운문 인승문 여하시불 문운 간시궐

無門曰.
무문왈

雲門 可謂 家貧難辨素食 事忙不及草書.
운문 가위 가빈난변소식 사망불급초서

動便 將屎橛來 撑門拄戶 佛法興衰可見.
동변 장시궐래 탱문주호 불법흥쇠가견

頌曰
송왈

閃電光 擊石火 眨得眼 已蹉過.
섬전광 격석화 잡득안 이차과

운문 스님의 마른 똥막대기

어떤 스님이 "어떤 것이 부처님입니까?"라고 묻자 운문 스님은 "마른 똥막대기."라고 하였다.

운문 스님은 집안이 가난하여 나물밥을 먹기도 어렵고 일이 바빠 글씨를 흘려 쓸 틈도 없다고 할 수 있다.

걸핏하면 마른 똥막대기를 들고 나와 집안을 지탱하려고 하니 불법의 꼬락서니를 알 만하다.

> 번갯불이 번쩍이는 찰나
> 돌 부딪쳐 불꽃 튀는 순간
> 눈만 깜빡 거리기만 해도
> 모든 것은 이미 잘못된 일.

22. 迦葉刹竿

迦葉 因阿難問云
가섭 인아난문운

世尊 傳金襴袈裟外 別傳何物.
세존 전금란가사외 별전하물

葉喚云 阿難.[1]
섭환운 아난

難 應諾.
난 응낙

葉云 倒却門前刹竿著.
섭운 도각문전찰간착

---

1. 아난은 부처님의 십대제자 가운데 법문을 제일 많이 듣고 줄줄이 외우고 있었지만, 많이 듣고 배우는 것을 공부의 전부로 아는 고질병을 고치지 못하였다. 그러다가 부처님께서 입적하신 뒤에 가섭에게 '옴병 오른 여우'라 꾸중을 들으며 경전을 결집하는 대중에서 쫓겨났다. 그 후 아난은 밤낮으로 정진하여 마침내 깨달아서, 가섭존자에게 인가 받고 그의 법을 이었다.

법문 장소 알리는 깃대를

아난존자가 가섭존자에게 물었다.

"세존께서 금란가사를 전한 것 외에 따로 무엇을 전했습니까?"

"아난아."

"예."

"절 문 앞 법문 장소 알리는 깃대를 넘어뜨려라."

無門曰.
무문왈

若向者裏 下得一轉語親切
약향자리 하득일전어친절

便見靈山一會 儼然未散.
변견영산일회 엄연미산

其或未然 毘婆尸佛早留心 直至而今不得妙.
기혹미연 비바시불조류심 직지이금부득묘

頌曰
송왈

問處何如 答處親 幾人於此 眼生筋
문처하여 답처친 기인어차 안생근

兄呼弟應 揚家醜 不屬陰陽 別是春.
형호제응 양가추 불속음양 별시춘

여기에서 한마디 친절하게 일러줄 수 있다면, 세존의 영산 법회가 지금도 그대로 계속됨을 볼 것이다.

그렇지 못하면 과거 첫 부처님 비바시불께서 일찍이 마음 내어 지금까지 공부하셨더라도 미묘한 불법을 얻을 수 없다.

질문보다 대답들이 친절할 수 있겠지만
여기에서 몇 사람이 눈에 빛이 번쩍일까
형 부르자 아우 대답 집안 허물 드러내니
음도 양도 아니지만 또한 다른 봄이로세.

23. 不思善惡

六祖[1] 因明上座 趁至大庾嶺 祖見明至 即擲衣鉢
육조 인명상좌 진지대유령 조견명지 즉척의발

於石上 云 此衣表信 可力爭耶 任君將去.
어석상 운 차의표신 가력쟁야 임군장거

明遂擧之 如山不動 踟蹰悚慄 明曰
명수거지 여산부동 지주송률 명왈

我來求法 非為衣也 願行者開示.
아래구법 비위의야 원행자개시

祖云 不思善 不思惡[2]
조운 불사선 불사악

正與麼時 那箇是明上座本來面目.
정여마시 나개시명상좌본래면목

1. 육조혜능(638-713) 스님은 황매산 오조홍인(601-674) 선사의 법을 이어받았다.

2. 맑고 깨끗한 마음자리가 되면 중생의 혼탁한 시비분별이 끊어져 선도 악도 생각하지 않는다.

선도 악도 생각하지 말라

육조 스님은 도명 스님이 대유령까지 뒤쫓아 온 것을 보고 가사와 발우를 바위 위에 걸쳐 놓고 말하였다.
"이 가사와 의발은 법에 대한 믿음을 표시한 것인데 힘으로 빼앗을 수 있겠느냐. 그대 마음대로 가져가 보거라."

도명 스님이 가사와 발우를 들어 올렸지만 태산처럼 움직이지를 않자, 당황하고 두려워하면서 쭈뼛거리다가 말하였다.
"저는 법을 구하러 왔지 가사와 발우를 가져가기 위한 것이 아닙니다. 바라옵건대 행자께서는 가르침을 주시옵소서."

육조 스님이 말하였다.
"선도 생각하지 말고 악도 생각하지 마라. 바로 이러한 때 어느 것이 도명 스님의 본래면목인고?"

明 當下大悟. 遍體汗流 泣淚作禮 問曰
명 당하대오 변체한류 읍루작례 문왈

上來密語密意外 還更有意旨否.
상래밀어밀의외 환갱유의지부

祖曰 我今為汝說者 即非密也
조왈 아금위여설자 즉비밀야

汝若返照自己面目 密却在汝邊.[1]
여약반조자기면목 밀각재여변

明云
명운

某甲 雖在黃梅隨衆 實未省自己面目 今蒙指授入
모갑 수재황매수중 실미성자기면목 금몽지수입

處 如人飲水冷暖自知 今行者 即是某甲師也.
처 여인음수냉난자지 금행자 즉시모갑사야

祖云 汝若如是則 吾與汝同師黃梅 善自護持.
조운 여약여시즉 오여여동사황매 선자호지

1. 만일 달리 비밀한 뜻이 있다면 확 깨치지 못했다는 말과 똑같은 것이다. 다만 깨달아 부처님이 되려고 할 뿐이지, 부처님이 무엇을 이해하지 못할까 걱정하지는 말아야 한다.

이 말 한마디에 도명 스님은 그 자리서 크게 깨달았다. 온몸에 식은땀을 흘리면서 벅찬 감동의 눈물로 절을 올리며 물었다.

"앞서 말씀하신 비밀스러운 뜻 이외에 또 다른 뜻이 있습니까?"

"내가 지금 그대에게 설한 것은 비밀스러운 것이 아니다. 그대가 자신의 본래면목을 돌이켜 보면 비밀한 뜻이 그대한테 있을 것이다."

"제가 황매 스님의 가르침을 받았지만 실로 제 자신의 본래면목을 살피지 못했습니다. 제가 지금 가르침을 받아 들어간 곳은 마치 물을 마신 사람만이 뜨거운 물인지 찬 물인지를 아는 것과 같습니다. 지금부터 행자께서는 저의 스승이십니다."

"그렇다면 그대는 나와 함께 황매 스님을 똑같이 스승으로 모셔야 한다. 이 법도를 잘 지키고 스스로 보호하라."

無門曰.
무문왈

六祖 可謂 是事出急家 老婆心切.
육조 가위 시사출급가 노파심절

譬如新荔支剝了殼[1] 去了核 送在爾口裏
비여신여지박료각 거료핵 송재이구리

只要爾嚥一嚥.
지요이연일연

頌曰
송왈

描不成兮畫不就 贊不及兮休生受
묘불성혜화불취 찬불급혜휴생수

本來面目沒處藏 世界壞時渠不朽.
본래면목몰처장 세계괴시거불후

1. 여지는 열대 과일로, '리치'라는 이름으로 더 많이 알려져 있다.

육조 스님께서는 본분사를 일러 주는 일이 아주 급한 집안 일이라 하니 참으로 친절한 분이다.

비유하자면 신선한 여지의 껍질을 바르고 씨를 제거하여 그대의 입속에 넣어주니, 그대는 그대로 삼키기만 하면 되는구나.

이런 일은 묘사해도 그릴 수 없고
찬탄해도 모자라니 헛고생 말라
본래면목 어디에도 감출 곳 없어
이 세계가 없어져도 그대로 있네.

24. 離却語言

風穴和尙[1]
풍혈화상

因僧問 語默涉離微[2] 如何通不犯
인승문 어묵섭이미 여하통불범

穴云 長憶江南三月裏 鷓鴣啼處百花香.
혈운 장억강남삼월리 자고제처백화향

---

1. 풍혈연소(896-973) 스님은 송나라 초기 임제종 선사이다. 연소 스님은 어려서부터 고기와 파, 마늘을 먹지 않았다. 처음에는 유학에 힘썼고, 출가하여 천태지관天台止觀을 닦다가 혜옹 스님을 만나 그의 법을 이었다. 연소 스님이 여주 풍혈사에서 오랫동안 가르침을 폈지만 한 사람도 깨치는 이가 없었다. 하루는 그가 대성통곡하므로 대중들이 놀라 그 까닭을 물었다. 그가 "임제의 법이 내게 와서 끊어질 줄 어찌 알았으랴?" 하면서 통탄하자, 성념 스님이 "저 같은 것도 스님의 법을 받을 수 있겠습니까?" 하고 물었다. "자네는 아깝게도 『법화경』에 걸려 있네." "『법화경』만 버리면 되겠습니까?" "그러면야 될 수 있다 뿐인가." 그 뒤로 성념 스님은 참선에만 전력하여 마침내 깨치게 되었다.
2. '이離'는 중생의 시비분별을 떠난 부처님 세상, 부처님 마음자리이다. '미微'는 그 자리에서 인연 따라 벌어지는 미묘한 작용을 말한다. 그러므로 '이미離微'에서 '이離'는 진공, '미微'는 묘유로 볼 수 있다. 텅 비어 공적한 자리에서 부처님 지혜가 오묘하게 드러나는 것이 진공묘유이다. 말이라는 시비분별을 떠나 침묵에도 떨어지지 않고, 어떻게 해야 법에 어긋나지도 않는지 묻고 있다.

언어를 떠난 삼매에서

어떤 스님이 "말과 침묵이 모두 진공묘유를 거치는 것인데, 법에 어떻게 통해야 잘못을 범하지 않겠습니까?"라고 묻자, 풍혈 스님이 말하였다.

"삼월 봄날의 강남을 가만히 생각하니
자고새 우는 곳에 꽃향기가 만발하네."

無門曰.
무문왈

風穴機如掣電得路便行.
풍혈기여체전득로변행

爭奈坐前人舌頭不斷.
쟁내좌전인설두부단

若向者裏 見得親切 自有出身之路.
약향자리 견득친절 자유출신지로

且離却語言三昧[1] 道將一句來.
차이각어언삼매 도장일구래

頌曰
송왈

不露風骨句 未語先分付
불로풍골구 미어선분부

進步口喃喃 知君大罔措.
진보구남남 지군대망조

---

1. '삼매'는 범어 'samādhi'의 음역이다. 의역은 '등지等持' '정定' '정정正定'이라고도 한다. '등지等持'라고 번역할 때 '등等'은 마음이 제멋대로 날뛰거나 침체된 상태를 벗어나 어떤 경계도 차별 없이 바라보는 편안한 마음상태를 가리키고, '지持'는 오로지 어떤 대상에 마음을 집중하는 것을 가리킨다. 이것은 어떤 대상에 마음을 집중하므로 마음이 어지럽지 않아 나타나는 고요하고 편안한 마음상태를 말한다. 삼매에 들면 언어가 일으키는 시비분별을 떠나게 된다.

풍혈 스님은 번갯불도 갖다 쓰는 길만 있으면 바로 가는 분이다.

그런데 어찌 눈앞에 있는 사람의 혀를 끊지 않겠는가?

만약 이곳에서 친절한 마음씨를 볼 수 있다면, 생사의 몸을 벗어날 길이 본디 있는 것이다.

자, 언어를 떠난 삼매에서 마지막 한마디를 일러 봐라.

> 풍채 골격 드러나지 않는 한마디
> 말하기 전 미리 전해 나누었기에
> 앞에 나와 입으로만 재잘 거리면
> 당황하는 그대 모습 알게 되리라.

25. 三座說法

仰山和尙[1] 夢見 往彌勒所 安第三座.
앙산화상 몽견 왕미륵소 안제삼좌

有一尊者 白槌云 今日 當第三座說法. 山乃起白
유일존자 백추운 금일 당제삼좌설법 산내기백

槌云 摩訶衍法[2] 離四句 絕百非[3] 諦聽諦聽.
추운 마하연법 이사구 절백비 제청제청

---

1. 앙산혜적(807-883)은 당나라 선승으로서 광동성 사람이다. 머리를 깎고 탐원 응진耽源應眞에게 가서 깊은 뜻을 깨달은 뒤 얼마 안 있어 위산영우潙山靈祐를 찾아간다. 영우 스님에게 참부처님이 있는 곳을 물었더니 이렇게 대답했다. "생각해도 생각함이 없는 묘한 이치로 한없이 신령스런 불꽃을 돌이켜 생각하라. 생각이 다하여 근원에 돌아가면 정신과 물질이 함께 하고 일과 이치가 둘 아닌 데서 참부처가 또렷하리라."
   이 말을 듣고 크게 깨친 혜적 스님은 영우 스님에게 인가를 받는다. 이리저리 떠돌아다니다 위산에 돌아와 영우 스님을 15년 동안 모시면서 크게 종풍을 떨쳤다. 당나라 희종僖宗 때 앙산으로 옮겨 크게 위산의 법도를 떨치니 이로 인해 위앙종이 생겨났다.
   혜적 스님은 883년 다음과 같은 임종게를 남기고 입적하였다. "나이가 일흔 일곱이나 되어 늙었기에 금일 가야겠다. 주어진 성품에 따라 저절로 이 세상에 나왔다 사라진다 하더라도 양손으로 나이 먹어 굽은 무릎을 붙잡아 본다.[年滿七十七 老去是今日 任性自浮沈 兩手攀屈膝]"
2. '마하연'은 범어의 음사이며 '대승'이란 뜻이다.
3. '사구백비四句百非'는 진리를 표현하기 위한 온갖 논리전개를 말한다.

세 번째 자리에서 법을 설하다

앙산 스님이 꿈속에서 보니 미륵 부처님이 계신 곳으로 찾아가 자신이 세 번째 자리에 앉아 있었다.

한 존자님이 종을 치며 말하기를 "오늘은 세 번째 자리에 앉아 계신 분이 법을 설합니다."라고 하자 앙산 스님은 일어나 종을 치며 법을 설하였다.

"대승의 법은 온갖 논리와 시비분별을 뛰어넘는 것이니 잘 들으셔야 합니다."

無門曰.
무문왈

且道 是說法 不說法.
차도 시설법 불설법

開口即失 閉口又喪 不開不閉 十萬八千.
개구즉실 폐구우상 불개불폐 십만팔천

頌曰
송왈

白日青天 夢中說夢
백일청천 몽중설몽

捏怪捏怪 誑謼一衆.
날괴날괴 광호일중

한번 일러 보아라. 법을 설한 것이냐, 아니냐?

입을 열어도 본디 모습을 잃고 입을 닫아도 본디 모습을 잃는다.

또한 입을 열지 않고 입을 닫지 않아도 본디 모습과는 아무런 상관이 없다.

> 푸른 하늘 밝은 대낮
> 꿈속에서 꿈 설하니
> 괴이하고 괴이한 꿈
> 모든 대중 속이도다.

26. 二僧卷簾

清涼大法眼因僧齋前上參[1] 眼以手指簾 時有二僧
청량대법안인승재전상참 안이수지렴 시유이승

同去卷簾. 眼曰 一得一失.
동거권렴 안왈 일득일실

1. 법안문익法眼文益(885-958) 스님은 절강성 항주부 여항현에서 태어났다. 일곱 살에 출가하여 계율 공부에 전념하는 한편, 유교를 공부하여 시문에 능했다. 복주에 가서 장경혜릉長慶慧稜을 오랫동안 모셨지만 공부에 진전이 없어 호남 지방으로 가다 우연히 비를 피해 지장원에 들어가게 되었다. 때마침 계침 스님을 만나 여러 가지 문답을 했지만 소홀히 생각하다 비가 멎자 다시 나오려고 했다. 계침 스님이 뜰에 있는 돌 하나를 가리키면서 "삼계가 오직 마음이라 하니, 이 돌이 마음속에 있는가? 아니면 마음 밖에 있는가?" 물었다. 그는 선뜻 "마음 안에 있습지요."라고 대답했다. "행각하는 사람이 마음속에 돌멩이를 넣어 가지고 어떻게 다닌단 말인가?" 이 말에 그는 대답을 못하고 거기서 짐을 풀게 되었다. 달포 가까이 머물면서 여러 가지로 자기의 소견을 말해 보았지만, 계침 스님은 언제나 "불법은 그런 것이 아니야."라고만 했다. 그러다 하루는 "이제는 제가 할 말을 다해 버렸고, 이치도 끊어졌습니다."라고 하자, 계침 스님이 "지금부터 불법을 말한다면 온갖 것이 다 제대로 이루어졌느니라." 하는 데서 크게 깨쳤다. 계침 스님의 법을 받아 스님은 임천의 숭수원과 금릉의 보은선원, 청량사 등 여러 곳에서 널리 가르침을 펴 법안종을 일으키고 종풍을 떨쳤다. 당시 선종이 형식화 되어가는 세태를 보고 『종문십규론宗門十規論』을 지어 수행을 직접 실천할 것을 주장하며 선교일치의 사상을 드러내는 데 애를 썼다. 그의 법을 이은 제자가 63명이나 되었다. 시호를 대법안大法眼이라 받았다.

한 사람은 얻고 한 사람은 잃었다

청량사 법안 스님이 공양 전에 법을 설하면서 손으로 발을 가리키니, 두 스님이 같이 가서 발을 걷어 올렸다. 법안 스님은 말하였다.

"한 사람은 얻고 한 사람은 잃었다."

無門曰.
무문왈

且道. 是誰得誰失.
차도 시수득수실

若向者裏 著得一隻眼 便知淸涼國師敗闕處.
약향자리 착득일척안 변지청량국사패궐처

然雖如是 切忌向得失裏商量.
연수여시 절기향득실리상량

頌曰
송왈

卷起明明徹太空 太空猶未合吾宗
권기명명철태공 태공유미합오종

爭似從空都放下 綿綿密密不通風.
쟁사종공도방하 면면밀밀불통풍

한번 일러 보아라. 누가 얻고 누가 잃은 것인가?

이 자리에서 눈 밝은 종사라면 바로 청량 국사의 허물을 안다. 그러나 이와 같더라도 제발 얻고 잃는 것을 따지지 말지어다.

발을 올려 밝고 밝아 온 하늘이 다 보이나
하늘 역시 아직까진 종지와는 멀고 머니
하늘조차 남김없이 모든 것을 놓아버려
어디에도 바람 한 점 없는 것과 같으리오.

27. 不是心佛

南泉和尚 因僧問云 還有不與人說底法麼.
남전화상 인승문운 환유불여인설저법마

泉云 有. 僧云 如何是不與人說底法.
전운 유 승운 여하시불여인설저법

泉云 不是心 不是佛 不是物.
전운 불시심 불시불 불시물

無門曰.
무문왈

南泉 被者一問 直得揣盡家私 郎當不少.
남전 피자일문 직득췌진가사 낭당불소

頌曰
송왈

叮嚀損君德 無言真有功
정녕손군덕 무언진유공

任從滄海變 終不為君通.
임종창해변 종불위군통

마음도 부처도 아닌 법

어떤 스님이 남전 스님에게 물었다.

"다른 사람에게 설하지 않은 법이 있습니까?"
"있다."
"다른 사람에게 설하지 않은 법은 어떤 것입니까?"
"마음도 아니요, 부처도 아니며 그 무엇도 아닌 법이다."

남전 스님이 질문을 받고 바로 전 재산을 탈탈 터니 알거지가 되는구나.

지나치게 친절함도 덕을 해치니
말이 없는 그 자리에 공덕 있는 것
푸른 바다 쉴 새 없이 변하더라도
그대 위해 끝내 말을 아껴야 하리.

28. 久響龍潭

龍潭[1] 因德山請益抵夜 潭云 夜深 子何不下去.
용담 인덕산청익저야 담운 야심 자하불하거

山 遂珍重揭簾而出 見外面黑 却回云 外面黑.
산 수진중게렴이출 견외면흑 각회운 외면흑

潭乃點紙燭度與山[2] 擬接 潭便吹滅.
담내점지촉도여산 의접 담변취멸

山 於此忽然有省 便作禮.
산 어차홀연유성 변작례

---

1. 용담숭신龍潭崇信은 당나라 스님인데 출신이나 생몰연대가 확실하지 않다. 하루는 도오 화상에게 "제가 스님을 오래 모셨으나 공부를 가르쳐 주시지 않으므로 애가 탈 뿐입니다."라고 말을 하니, 화상은 "내가 너를 가르치지 않은 때가 없었는데, 그 무슨 말이냐? 네가 밥이나 차를 가져오면 너를 위해 받았고, 네가 절을 하면 내 또한 너를 위해 머리를 숙이지 않았더냐?"라고 말했다. 용담 스님이 그 뜻이 무엇인가 생각하려 하니, 화상이 다시 "깨달음이란 말이 떨어진 자리에서 깨치는 것이지, 머리로 헤아려서 알려고 하면 벌써 틀렸다." 하는 말에서 눈이 번쩍 뜨였다. "어떻게 지켜가야 합니까?"라고 물으니, 화상이 이르기를 "제 성품에 맡기어 한가롭게 지내면서 인연 따라 살아가라. 범부의 알음알이를 다 없애는 것뿐, 달리 성인의 깨달음이란 없다.[任性逍遙 隨緣放曠 但盡凡情 別無聖解]"라고 하는 데서 깨달음을 얻었다.
2. 지촉紙燭은 종이를 비벼 꼬아 만든 끈인 심지에 기름이 스며들게 한 등잔불이다.

오랫동안 용담 스님 소문 듣다가

용담 스님이 덕산 스님에게 가르침을 주다가 밤이 되자 "밤이 깊은데 그대는 방으로 가야되지 않는가?"라고 말하였다.

덕산 스님은 인사를 하고 발을 걷고 나가려다 밖이 깜깜한 것을 보고 되돌아와 "밖이 깜깜합니다."라고 말하니, 용담 스님이 등잔불을 주었다.

덕산 스님이 이 등잔불을 받으려고 할 때 용담 스님은 훅 불어 등잔불을 꺼버렸다.

덕산 스님은 이때 홀연 마음에 짚이는 바가 있어 바로 절을 올렸다.

潭云 子見箇甚麼道理.
담운 자견개삼마도리

山云 某甲 從今日去 不疑天下老和尚舌頭也.
산운 모갑 종금일거 불의천하노화상설두야

至明日 龍潭陞堂云
지명일 용담승당운

可中有箇漢 牙如劍樹 口似血盆 一棒打不回頭
가중유개한 아여검수 구사혈분 일방타불회두

他時異日 向孤峯頂上 立吾道在.
타시이일 향고봉정상 입오도재

山遂取疏抄 於法堂前 將一炬火 提起云
산수취소초 어법당전 장일거화 제기운

窮諸玄辨 若一毫 致於太虛
궁제현변 약일호 치어태허

竭世樞機 似一滴 投於巨壑.
갈세추기 사일적 투어거학

將疏抄便燒 於是禮辭.
장소초변소 어시예사

용담 스님이 물었다.
"그대가 무슨 도리를 보았는가?"
"제가 오늘부터 천하 큰스님들의 말씀을 의심하지 않겠습니다."

그 다음 날 용담 스님은 법당에 올라 말하였다.

"만일 이 가운데 칼날 같은 날카로운 어금니와 입안에 시뻘건 피를 가득 머금은 사람이 있어, 몽둥이를 한 방 맞고도 고개를 돌리지 않는다면, 이 사람은 뒷날 우뚝한 봉우리 정상에서 나의 법을 펼 것이다."

덕산 스님은 금강경 주석서를 모아 법당 앞에서 불을 지르며 말하기를, "오묘한 도리로 끝없이 설법해도 허공에 터럭 하나를 날림과 같고, 세상의 요긴한 것을 모두 가르친다 해도 계곡에 물 한 방울 떨어뜨림과 같을 뿐이다."라고 말하였다.

덕산 스님은 금강경 주석서를 다 불사르고 나서, 용담 스님에게 절을 올리고 그 선원을 떠났다.

無門曰.
무문왈

德山未出關時 心憤憤 口悱悱 得得來南方 要滅却
덕산미출관시 심분분 구비비 득득래남방 요멸각

教外別傳之旨. 及到澧州路上 問 婆子買點心.
교외별전지지 급도예주노상 문 파자매점심

婆云 大德車子內是甚麼文字. 山云 金剛經抄疏.
파운 대덕거자내시삼마문자 산운 금강경초소

婆云 只如經中道 過去心不可得 見在心不可得 未
파운 지여경중도 과거심불가득 현재심불가득 미

來心不可得 大德 要點那箇心.
래심불가득 대덕 요점나개심

德山 被者一問 直得口似匾檐 然雖如是 未肯 向婆
덕산 피자일문 직득구사변첨 연수여시 미긍 향파

子句下死却 遂問 婆子 近處有甚麼宗師.
자구하사각 수문 파자 근처유삼마종사

婆云 五里外 有龍潭和尚.
파운 오리외 유용담화상

덕산 스님은 고향에 있을 때부터 선종의 가르침에 비분강개하였다. 그래서 마음먹고 일부러 남방에 와 선종에서 주장하는 교외별전의 종지를 없애려고 하였다.

길을 가는 도중 예주의 길가에서 노파에게 간식거리를 사려고 하였다. 노파가 물었다.

"스님 짐 속에 무슨 책이 들어 있습니까?"
"금강경 주석서입니다."
"그 경에서 말하기를 '과거의 마음을 얻을 수 없고 현재의 마음도 얻을 수 없으며 미래의 마음도 얻을 수 없다.'고 하였는데, 스님은 어느 마음으로 간식을 드시려고 합니까?"

덕산 스님은 이 질문에 바로 말이 막혀 꼼짝을 못하였지만 이런 상황에서도 노파에게 졌다고 생각하지 않고 물었다.

"이 근처에 어떤 눈 밝은 종사가 계십니까?"
"5리를 더 가시면 명성이 자자한 용담 스님이 계십니다."

及到龍潭 納盡敗闕 可謂 是前言不應後語.
급도용담 납진패궐 가위 시전언불응후어

龍潭 大似憐兒不覺醜 見他有些子火種 郎忙 將惡
용담 대사련아불각추 견타유사자화종 낭망 장오

水 驀頭一澆澆殺 冷地看來一場好笑.
수 맥두일요요쇄 냉지간래일장호소

頌曰
송왈

聞名不如見面 見面不如聞名
문명불여견면 견면불여문명

雖然救得鼻孔 爭奈瞎却眼睛.
수연구득비공 쟁내할각안정

덕산 스님은 용담 스님을 찾아가 공부를 하면서 자신의 허물을 다 받아들이게 되었다. 이는 고향을 떠나면서 교외별전의 종지를 없애겠다고 호언장담했던 것과는 정반대로 되었다.

용담 스님은 자식을 어여삐 여기고 있는 모습이 못난 줄 의식하지 못하고 있다. 덕산 스님에게 번뇌의 불씨가 아직 조금 남아 있는 걸 보자 조급하게 더러운 물을 갖다 갑자기 뿌려 그 불씨를 껐으나 냉정히 보면 한바탕 웃음거리이다.

이름만을 듣기보다 얼굴 보니 더욱 좋고
얼굴만을 보기보다 명성 들어 더욱 좋아
본분사의 콧구멍을 찾았다고 하더라도
정법 보는 눈동자가 상했음을 어찌하랴.

29. 非風非幡

六祖 因風颺刹幡[1] 有二僧對論
육조 인풍양찰번 유이승대론

一云 幡動 一云 風動 往復 曾未契理.
일운 번동 일운 풍동 왕복 증미계리

祖云
조운

不是風動 不是幡動 仁者心動.
불시풍동 불시번동 인자심동

二僧悚然.
이승송연

---

1. 부처님과 보살의 위덕과 무량한 공덕을 나타내고 있는 것이 '번幡'이다. 깃발과 비슷한 '번'은 불전 내의 기둥이나 법회가 진행될 때 당간에 매달아 세웠고, 천개나 탑 상륜부에 매달기도 하였다. 멀리서도 번이 나부끼는 모습을 볼 수 있도록 한 것이다.

바람과 깃발이 움직이는 게 아니라

바람에 깃발이 나부끼자 두 스님이 논쟁을 하면서 한 스님은 '깃발이 움직인다' 하고 또 한 스님은 '바람이 움직인다' 하니, 서로 옥신각신하는데 이치에 맞지 않았다.

그러자 육조 스님이 말하였다.

"바람이 움직이는 것도 아니요, 깃발이 움직이는 것도 아닙니다. 그대들의 마음이 움직이고 있습니다."

두 스님은 등골이 서늘하였다.

無門曰.
무문왈

不是風動 不是幡動 不是心動 甚處見祖師.
불시풍동 불시번동 불시심동 삼처견조사

若向者裏見得親切 方知二僧 買鐵得金.
약향자리견득친절 방지이승 매철득금

祖師忍俊不禁 一場漏逗.
조사인준불금 일장누두

頌曰
송왈

風幡心動 一狀領過
풍번심동 일장영과

只知開口 不覺話墮.[1]
지지개구 불각화타

---

1. '화타話墮'는 말에 빠지거나 얽매여 있는 것을 말한다.

바람이 움직이는 것도 아니요 깃발이 움직이는 것도 아니며 마음이 움직이는 것도 아니다. 어느 곳에서 육조 스님의 참뜻을 볼 것인가?

만약 여기에서 육조 스님의 친절한 마음을 볼 수 있다면 바야흐로 두 스님이 무쇠를 샀는데 순금인 줄 알 것이다.

육조 스님이 자비심을 참지 못해 한바탕 실수를 저질렀구나.

바람 깃발 마음 모두 움직이는 것
이들 모두 분별 속에 일어난 시비
딴 입으로 말만 할 뿐 그 뜻 모르니
현상경계 집착한 줄 모르고 있네.

30. 卽心卽佛

馬祖[1] 因大梅問[2] 如何是佛.
마조 인대매문 여하시불

祖云 卽心是佛.
조운 즉심시불

---

1. 마조도일馬祖道一(709-788) 스님이 남악회양南嶽懷讓 밑에서 공부할 때 회양 선사께서 하루는 좌선하고 있는 마조 스님에게 묻기를 "무엇하고 있느냐?" 하니, "좌선하고 있습니다." "좌선해서 무엇이 되려고 하느냐?" "부처님이 되려고 좌선하지요" 그 이튿날 회양 선사는 일부러 마조 스님 앞에 가서 벽돌을 돌에 갈고 있었다. 도일이 묻기를 "스님, 벽돌은 갈아서 어디에 쓰려고 합니까?" "거울을 만들려고 하네." "벽돌을 갈아서 어떻게 거울을 만들 수 있겠습니까?" "앉아만 있으면 부처가 될 줄 아는가?" "그러면 어떻게 해야 합니까?" "수레가 움직이지 않을 때 수레를 때려야 되겠느냐? 아니면 수레를 끄는 소를 때려야 되겠느냐? 선이란 앉거나 눕는 데 상관이 없기에 부처는 가만히 있는 것이 아니다. 집착이 없기에 취하고 버림이 없는 것이 선이니라." 마조 스님은 이 말에 크게 깨쳤다. 마조 스님이 하신 유명한 말에는 '평상심시도平常心是道' '즉심시불卽心是佛'이 있다.
2. 대매大梅(?-808) 스님은 성이 정鄭씨이고 이름은 법상法常으로 대매大梅는 호이다. 마조도일의 제자인데 처음 마조를 찾아뵙고 묻기를 "어떤 것이 부처입니까?" 하니, "마음 자체가 부처다."라고 한데서 크게 깨쳤다. 당 덕종 때 대매산에 호성사를 짓고 크게 종풍을 떨쳤다. 당 원화 3년(808) 6월 9일 나이 88세에 입적하였다. 대매 선사는 게송으로 "연못에 핀 연잎으로 입을 옷은 충분하다.[一池荷葉衣無盡]"라고 하였다.

마음 자체가 부처님이다

대매 스님이 물었다.

"어떤 것이 부처님입니까?"

마조 스님이 답하였다.

"마음 자체가 부처님이다."

無門曰.
무문왈

若能直下領略得去 著佛衣 喫佛飯 說佛話 行佛行
약능직하영략득거 착불의 끽불반 설불화 행불행

即是佛也.
즉시불야

然雖如是 大梅引多少人 錯認定盤星.[1]
연수여시 대매인다소인 착인정반성

爭知道說箇佛字 三日漱口.
쟁지도설개불자 삼일수구

若是箇漢 見說即心是佛 掩耳便走.
약시개한 견설즉심시불 엄이변주

頌曰
송왈

青天白日 切忌尋覓
청천백일 절기심멱

更問如何 抱贓叫屈.
갱문여하 포장규굴

1. 정반성定盤星은 대저울에서 중량이 0이 되는 첫 번째 눈금이다. 저울추를 이 눈금에 놓으면 저울이 균형을 잡아 움직이지 않는다. 여기서는 공부의 기준, 깨달음의 기준을 말한다고 본다.

바로 이 뜻을 알 수 있다면, 부처님의 옷을 입고 부처님의 밥을 먹으며 부처님의 말을 하고 부처님의 삶을 사니 곧 부처님이다.

이렇다 하더라도 대매 스님의 질문은 부처님을 찾는 기준을 많은 사람이 잘못 알게 하였다.

'부처님'이란 말만 하여도, 오염된 그 입을 씻기 위하여 삼 일 동안 양치질해야 할 줄 어찌 알겠는가. 이를 아는 사람은 "마음 자체가 부처님이다."라고 말하는 것만 보아도 귀를 막고 바로 그 자리를 떠날 것이다.

푸른 하늘 밝은 대낮 그 자체가 부처이니
이런 세상 부처님을 찾는다고 하지 말라
여기에서 부처님이 어디 있소 묻는다면
훔친 물건 끌어안고 억울하다 외치는 짓.

31. 趙州勘婆

趙州 因僧問婆子 臺山路向甚處去 婆云 驀直去.
조주 인승문파자 대산로향삼처거 파운 맥직거

僧纔行三五步 婆云 好箇師僧 又恁麼去.
승재행삼오보 파운 호개사승 우임마거

後有僧擧似州 州云 待我去與爾勘過這婆子.
후유승거사주 주운 대아거여이감과저파자

明日 便去 亦如是問 婆亦如是答.
명일 변거 역여시문 파역여시답

州歸謂衆曰 臺山婆子 我與爾勘破了也.
주귀위중왈 대산파자 아여이감파료야

조주 스님이 노파를 점검하다

어떤 스님이 오대산 노파에게 "오대산 길이 어디로 가느냐?"라고 묻자 노파는 "곧장 가라."고 하였다.

스님이 서너 걸음 걷자마자 노파는 "좋은 스님이 또 이렇게 가는군."하고 코웃음을 쳤다.

뒷날 어떤 스님이 이 일을 말하자 조주 스님이 "기다려라, 내가 가서 그대에게 노파를 점검해 주지."라고 말하였다.

다음 날 찾아가 다른 스님처럼 똑같이 물으니, 노파도 똑같이 대답하였다.

조주 스님이 돌아와 대중에게 말하기를 "오대산 노파를 내가 그대들을 위하여 점검해 다 밝혔다."라고 하였다.

無門曰.
무문왈

婆子 只解坐籌帷幄 要且著賊不知.
파자 지해좌주유악 요차착적부지

趙州老人 善用偷營 劫塞之機 又且無大人相.
조주노인 선용투영 겁새지기 우차무대인상

撿點將來 二俱有過.
검점장래 이구유과

且道. 那裏是趙州勘破婆子處.
차도 나리시조주감파파자처

頌曰
송왈

問既一般 答亦相似
문기일반 답역상사

飯裏有砂 泥中有刺.
반리유사 니중유자

노파가 전쟁터 지휘 막사에 앉아서 작전만 짤 줄 알았지, 적을 몰래 불러들일 줄은 몰랐다.

조주 스님은 몰래 적의 군영에 들어가 요새를 빼앗는 기지를 잘 발휘하였지만, 이 또한 대인의 품위는 없었다. 이를 점검해 보면 두 사람 모두 허물이 있다.

한번 일러 보아라. 어느 곳이 조주 스님이 오대산 노파를 점검한 곳인고?

물었던 내용이 똑같았기에
답하는 내용도 비슷하지만
밥 속에 모래가 들어 있었고
진흙에 가시가 있지 않았나.

32. 外道問佛

世尊 因外道問[1]
세존 인외도문

不問有言不問無言 世尊 據座.
불문유언불문무언 세존 거좌

外道贊歎云
외도찬탄운

世尊 大慈大悲 開我迷雲 令我得入 乃具禮而去.
세존 대자대비 개아미운 영아득입 내구례이거

阿難 尋問佛 外道有何所證 贊歎而去.
아난 심문불 외도유하소증 찬탄이거

世尊云 如世良馬 見鞭影而行.
세존운 여세양마 견편영이행

---

1. '외도'는 부처님의 가르침을 따르지 않는 사람들이다.

외도가 부처님께 길을 묻다

외도가 세존께 질문하였다.
"말씀이 있든 없든 아무 것도 묻지 않겠습니다."

그러자 세존께서 자리에 가만히 앉아 계셨다.

외도는 찬탄하며 말하였다.
"세존의 대자대비로 저의 어리석음을 깨우쳐 깨달음을 얻게 하셨습니다."
그리고 예를 정중히 갖추고 돌아갔다.

아난이 부처님께 물었다.
"외도가 무엇을 깨달았기에 찬탄하고 돌아갑니까?"

부처님께서 말씀하셨다.
"세상에서 훌륭한 말은 마부의 채찍 그림자만 보아도 앞으로 간다."

無門曰.
무문왈

阿難 乃佛弟子 宛不如外道見解.
아난 내불제자 완불여외도견해

且道. 外道與佛弟子 相去多少.
차도 외도여불제자 상거다소

頌曰
송왈

劍刃上行 氷稜上走
검인상행 빙릉상주

不涉階梯 懸崖撒手.
불섭계제 현애살수

아난이 불제자지만 분명 외도의 견해만 못하다.

한번 일러 보아라. 외도와 불제자의 거리가 얼마인지를.

날카로운 칼날 위를 걸어가듯
높은 빙산 칼날능선 내달리듯
이런저런 모든 생각 뛰어넘어
높은 절벽 벼랑에서 손을 놓으리.

33. 非心非佛

馬祖 因僧問 如何是佛 祖曰 非心非佛.[1]
마조 인승문 여하시불 조왈 비심비불

無門曰.
무문왈

若向者裏見得 參學事畢.
약향자리견득 참학사필

頌曰
송왈

路逢劍客須呈 不遇詩人莫献
노봉검객수정 불우시인막헌

逢人且說三分 未可全施一片.
봉인차설삼분 미가전시일편

1. 무문관 제 30칙에서는 '즉심시불卽心是佛'이라 했는데 여기서는 같은 질문에 달리 답하고 있으니 불법은 방편일 뿐이라는 것을 보여주고 있다.

마음도 아니요 부처도 아니다

어떤 스님이 마조 스님에게 "어떤 것이 부처님입니까?" 라고 물으니, 마조 스님이 "마음도 아니요, 부처도 아니다."라고 하였다.

이 자리에서 마조 스님의 참뜻을 볼 수 있다면 공부는 끝이 난다.

검객을 만나 봐야 칼 보여주고
시인들 앞에서야 시를 읊는 것
사람을 만나 봐도 뜻만 알릴 뿐
통째로 모든 불법 말하지 말라.

34. 智不是道

南泉云 心不是佛 智不是道.
남전운 심불시불 지불시도

無門曰.
무문왈

南泉 可謂 老不識羞 纔開臭口 家醜外揚.
남전 가위 노불식수 재개취구 가추외양

然雖如是 知恩者少.
연수여시 지은자소

頌曰
송왈

天晴日頭出 雨下地上濕
천청일두출 우하지상습

盡情都說了 只恐信不及.
진정도설료 지공신불급

지혜도 도가 아니다

남전 스님이 말하였다.

“마음은 부처가 아니요, 지혜도 도가 아니다.”

남전 스님은 늙어서도 부끄러움을 모른다. 냄새나는 입을 열자마자 추한 집안일을 밖으로 들추어내다니.

그렇다 하더라도 남전 스님의 은혜를 아는 사람이 드물다.

날이 좋으니 해가 나오고
비가 내리니 땅이 젖기에
마음 다해 모든 것 설명하는데
믿지 않는 마음만 걱정이 되네.

35. 倩女離魂

五祖[1] 問僧云 倩女離魂[2] 那箇是真底.
오조 문승운 천녀이혼 나개시진저

無門曰. 若向者裏悟得真底 便知出殼入殼 如宿旅
무문왈 약향자리오득진저 변지출각입각 여숙여

舍 其或未然 切莫亂走. 驀然 地水火風 一散 如落
사 기혹미연 절막난주 맥연 지수화풍 일산 여낙

湯螃蟹 七手八脚 那時 莫言不道. 頌曰
탕방해 칠수팔각 나시 막언부도 송왈

雲月是同 溪山各異 萬福萬福 是一是二.
운월시동 계산각이 만복만복 시일시이

---

1. 오조법연五祖法演(?-1104)은 북송北宋 임제종 양기파 승려인데 서른다섯에 출가하여 구족계를 받았다. 처음 성도成都 강당에서 『백법百法』, 『유식론唯識論』 같은 것을 배우며 깊은 뜻을 연구하였지만, 뒤에 의문이 생겨 몸으로 깨닫고자 공부 길을 떠나 백운수단白雲守端을 만나서 크게 깨닫고 인가를 받았다. 가르침을 널리 펼쳐 불안청원, 태평혜근, 원오극근 등 많은 제자를 두었다.
2. 장감이 딸 천녀(예쁜 여자라는 뜻의 이름)를 파혼시키려고 하자 천녀의 혼이 약혼자 왕주를 따라가 아이 둘을 낳고 살았다. 고향으로 돌아온 왕주가 처갓집에서 천녀의 육신이 병으로 누워 있기에 깜짝 놀라 함께 온 천녀를 불러오니 둘이 만나는 순간 하나가 되었다는 이야기가 『이혼기離魂記』에 나온다.

천녀에게서 떠난 혼

오조법연 스님이 어떤 스님에게 물었다.
"천녀의 몸과 그 몸에서 떨어진 혼 가운데 어느 것이 진짜 천녀인가?"

만약 여기에서 진짜 천녀를 깨닫는다면, 바로 죽고 사는 것이 여관에 잠시 머무는 것과 같은 줄 알겠지만, 혹 그렇지 못하다면 절대로 함부로 날뛰지 말라. 갑자기 지수화풍 사대가 한번 흩어지면, 펄펄 끓는 물속에 떨어진 게처럼 허둥지둥할 것이니 그때 일러주지 않았다고 말하지 말라.

> 구름과 달 그 바탕은 다 똑같지만
> 계곡과 산 그 모습은 저마다 달라
> 이 모든 것 알고 보면 온갖 축복들
> 같은 거다 다른 거다 말하지 말라.

36. 路逢達道

五祖曰
오조왈

路逢達道人 不將語默對. 且道 將甚麼對.
노봉달도인 불장어묵대 차도 장삼마대

無門曰.
무문왈

若向者裏對得親切 不妨慶快.
약향자리대득친절 불방경쾌

其或未然 也須一切處著眼.
기혹미연 야수일체처착안

頌曰
송왈

路逢達道人 不將語默對
노봉달도인 부장어묵대

攔腮劈面拳 直下會便會.
난시벽면권 직하회변회

길에서 도인을 만나면

오조법연 스님이 말하였다.

"길에서 도인을 만나면 말이나 침묵으로 상대할 것이 아니다. 한번 일러 보아라. 무엇으로 상대할 것인지를."

만약 여기에서 친절한 마음자리를 얻는다면 기쁘고 즐거운 일이다. 그렇지 못하다면 모름지기 모든 곳에서 눈을 부릅떠야 한다.

> 길을 가다 무심도인 만나게 되면
> 말솜씨나 침묵으론 상대가 안 돼
> 앞을 막고 주먹으로 얼굴을 갈겨
> 그 자리서 깨달아야 바로 깨치리.

37. 庭前柏樹

趙州 因僧問 如何是祖師西來意[1]
조주 인승문 여하시조사서래의

州云 庭前柏樹子.
주운 정전백수자

無門曰.
무문왈

若向趙州答處 見得親切 前無釋迦 後無彌勒.
약향조주답처 견득친절 전무석가 후무미륵

頌曰 言無展事 語不投機 承言者喪 滯句者迷.
송왈 언무전사 어불투기 승언자상 체구자미

---

1. 중국 선종의 초조 달마 스님은 중국에 와서 불교의 대혁신을 일으켰다. 경전이나 글이 다 소용없다 하여 '불립문자不立文字'를 주장하였고 계율·염불·다라니 모든 것을 다 부정하였다. 달마 스님은 오로지 "마음을 살피는 한 가지 일에 모든 수행이 들어있다."라고 하고, 또 "바로 사람의 마음을 가리켜서 그 성품을 보면 부처님이 된다."라고 하였다. 달마 스님의 이런 법은 혜가 스님에게 전해지고 육조 혜능 스님 때에 활짝 꽃이 펴 그 문하에서 수많은 성인들이 나왔다. 그러자 사람들은 다투어 묵은 불교를 버리고 이 법을 배우고자 하였다. 그래서 묻기를 "달마 스님이 서쪽에서 온 뜻이 무엇입니까?"라고 하였다. 여기서 조주 스님은 "뜰 앞의 잣나무"라고 하였는데 이 대답이야말로 법에 집착하려는 마음을 깨부수는, 파격적인 선禪의 근본 뜻을 드러낸다.

뜰 앞의 잣나무

한 스님이 조주 스님에게 물었다.
"조사 스님이 서쪽에서 오신 뜻이 무엇입니까?"

조주 스님이 말씀하셨다.
"뜰 앞의 잣나무."

조주 스님이 답한 곳에서 친절한 마음자리를 본다면 앞에도 석가가 없고 뒤에도 미륵이 없다.

말로는 드러낼 것 하나 없고
말이 딱 들어맞지도 않으니
말로 받는 사람은 뜻을 잃고
말마디에 걸리면 어리석도다.

38. 牛過窓櫺

五祖曰 譬如水牯牛 過窓櫺 頭角四蹄都過了 因甚
오조왈 비여수고우 과창령 두각사제도과료 인삼

麼尾巴過不得.
마미파과부득

無門曰. 若向者裏顚倒 著得一隻眼 下得一轉語
무문왈 약향자리전도 착득일척안 하득일전어

可以 上報四恩 下資三有.[1] 其或未然 更須照顧
가이 상보사은 하자삼유 기혹미연 갱수조고

尾巴始得.
미파시득

頌曰 過去墮坑塹 回來却被壞
송왈 과거타갱참 회래각피괴

者些尾巴子 直是甚奇怪.
자사미파자 직시삼기괴

---

1. 삼유三有는 삼계三界와 같다. '유有'는 '중생으로 존재 한다'는 뜻이니 선악의 과보로 받게 되는 욕유欲有·색유色有·무색유無色有를 말한다.

물소가 창틀을 빠져나가면

오조 스님이 말하였다.

"물소가 창틀을 빠져나가면서 머리와 뿔, 앞발, 뒷발이 모두 지나갔는데, 왜 꼬리는 빠져나가지 못했을까?"

여기서 뒤집어 바른 안목으로 깨달은 한마디를 말할 수 있다면, 위로는 부처님과 국가, 부모와 스승의 은혜에 보답하는 것이요, 아래로는 모든 중생을 도와주는 것이다. 그렇지 못하다면 다시 이 꼬리의 실체에 정신을 집중해야 한다.

빈 창틀을 지나가면 구덩이에 떨어지고
이 자리서 돌아가면 창틀 살이 망가지리
하찮은 이 물소 꼬리 참말이지 기이한 것.

39. 雲門話墮

雲門 因僧問 光明寂照遍河沙[1] 一句未絕 門遽曰
운문 인승문 광명적조변하사 일구미절 문거왈

豈不是張拙秀才語. 僧云 是. 門云 話墮也. 後來死
기불시장졸수재어 승운 시 문운 화타야 후래사

心[2] 拈云 且道 那裏是者僧話墮處.
심 염운 차도 나리시자승화타처

---

1. 장졸이 석상 스님에게 깨달은 바가 있어 지은 게송의 첫 구절이다.

光明寂照遍河沙 고요하게 환한 빛이 온갖 세계 비추는 곳
凡聖含靈共我家 범부 성인 중생들이 모두 함께 사는 집안
一念不生全體現 시비분별 안 한다면 그 전체가 드러나니
六根纔動被雲遮 육근 망상 일어나면 그 자리가 깜깜하네.

斷除煩惱重增病 번뇌 끊어 성불하리 공부병만 깊어지고
趣向眞如亦是邪 진여만을 찾아가리 이것 또한 삿된 생각
隨順世緣無罣碍 세상 인연 따라가며 걸림 없이 살아가니
涅槃生死是空華 열반 생사 이 모두가 허공 속의 꽃이더라.

2. 황룡사심(1043-1114)은 송나라 스님으로 회당조심 선사의 법을 이었으며 임제종 황룡파의 종풍을 크게 드날렸다.

말에 떨어졌다는 운문 스님의 말

운문 스님에게 어떤 스님이 질문하여 말하기를 "빛이 고요히 빛나면서 시방세계를 빠짐없이 비추는데……"라는 한마디가 끝나기도 전에 갑자기 운문 스님이 말하였다.

"이것은 장졸 수재의 말이 아닌가?"
"맞습니다."
"말에 떨어졌다."

뒷날 황룡사심 스님이 이 내용을 짚어 말하였다.

"한번 일러 보아라. 어디가 이 스님이 말에 떨어진 곳인가?"

無門曰.
무문왈

若向者裏 見得 雲門用處孤危[1] 者僧因甚話墮 堪
약향자리 견득 운문용처고위 자승인삼화타 감

與人天為師.
여인천위사

若也 未明 自救不了.
약야 미명 자구불료

頌曰
송왈

急流垂釣 貪餌者著
급류수조 탐이자착

口縫纔開 性命喪却.
구봉재개 성명상각

---

1. 고위孤危는 '고립위고孤立危高'의 준말로서 홀로 높이 솟은 산처럼 접근하기 어렵다는 뜻이다.

여기에서 운문 스님의 '고고한 마음 쓰임새'와 질문한 스님이 '왜 말에 떨어졌는지'를 볼 수 있다면 인천의 스승이 될 만하다.

만약 그렇지 못하다면 자기 자신도 구제하지 못한다.

급류 속에 낚싯줄을 드리운다면
먹이 탐낸 고기들이 달려들기에
다문 입을 열자마자 그 자리에서
한순간에 지혜 생명 잃게 되리라.

40. 趯倒淨甁

潙山和尚 始在百丈會中 充典座. 百丈 將選大潙
위산화상 시재백장회중 충전좌 백장 장선대위

主人 乃請同首座 對衆下語 出格者可往.
주인 내청동수좌 대중하어 출격자가왕

百丈 遂拈淨甁 置地上 設問云 不得喚作淨甁 汝喚
백장 수염정병 치지상 설문운 부득환작정병 여환

作甚麼. 首座乃云 不可喚作木堗也. 百丈却問於
작삼마 수좌내운 불가환작목돌야 백장각문어

山. 山乃趯倒淨甁而去 百丈笑云 第一座 輸却山
산 산내적도정병이거 백장소운 제일좌 수각산

子. 也因命之為開山.
자 야인명지위개산

물병을 발로 차 버리다

위산 스님이 처음 백장 스님 대중 속에서 후원 일을 맡아하는 전좌로 있을 때였다. 백장 스님이 대위산의 주지를 맡기려고 수좌 스님과 위산 스님을 함께 불러, 대중 앞에서 한마디 법을 일러 더 뛰어난 사람이 가도록 하였다.

백장 스님이 물병을 땅에 놓고 물었다. "이것을 물병이라 불러서는 안 된다. 그대들은 무어라 부를 것이냐?" 수좌 스님이 답하였다. "나무말뚝이라 불러서도 안 됩니다." 이에 백장은 다시 위산에게 물었다.

그러자 위산 스님이 물병을 발로 차고 가버렸다. 백장 스님이 웃으면서 "수좌 스님이 위산 스님에게 졌네."라고 말하였다. 그래서 위산 스님을 대위산의 주지로 임명하였다.

無門曰.
무문왈

溈山[1] 一期之勇 爭奈跳百丈圈圚不出.
위산 일기지용 쟁내도백장권궤불출

檢點將來 便重不便輕.
검점장래 변중불변경

何故 聻 脫得盤頭 擔起鐵枷.
하고 이 탈득반두 담기철가

頌曰
송왈

颺下笊籬并木杓 當陽一突絶周遮
양하조리병목표 당양일돌절주차

百丈重關攔不住 脚尖趯出佛如麻.
백장중관난부주 각첨적출불여마

1. 위산영우溈山靈祐(771-853)는 당나라 스님으로 복주 사람인데 위앙종의 종조이다. 열다섯 살 때 법상法常 율사에게 출가하여 항주 용흥사龍興寺에서 구족계를 받았다. 일찍이 한산寒山과 습득拾得을 만나고 스물세 살 때 백장회해百丈懷海 스님한테 가서 공부하며 상수제자가 되었다. 어느 추운 겨울밤 방장실로 찾아가 법을 구할 때, 백장 스님이 "화로에 불이 있느냐?"고 묻자, 여기저기 불씨를 뒤져 본 그는 "없다."라고 대답하였다. 백장 스님이 화로에서 작은 불씨를 찾아서 집어 들고는 "이게 불이 아니고 뭐냐?"라고 하는 데서 영우 스님은 크게 깨쳤다. 그리하여 백장의 법을 잇고 위산에 40년 동안 머물면서 크게 종풍을 선양하니 세상 사람들이 위산영우溈山靈祐라고 불렀다. 시호를 대원大圓이라 하였고 저서로 『위산영우어록』과 『위산경책』이 전해 내려온다.

위산 스님의 당찬 용맹도 백장 스님의 함정을 벗어나지 못했으니 어찌할꼬?

잘 점검해 보면 일이 더 무거워졌지 가벼워지지 않았기 때문이다.

왜냐하면 후원의 소임을 벗어났지만 주지라는 무거운 책임을 짊어졌기 때문이다.

조리 국자 부엌 모두 집어던지고
환한 대낮 한순간에 의심을 끊어
겹겹이 친 백장 함정 걸려들어도
발끝에서 뛰어넘자 부처님 세상.

41. 達磨安心

達磨面壁 二祖[1] 立雪斷臂云
달마면벽 이조 입설단비운

弟子 心未安 乞師安心. 磨云 將心來 與汝安.
제자 심미안 걸사안심 마운 장심래 여여안

祖云 覓心了 不可得. 磨云 為汝安心竟.
조운 멱심료 불가득 마운 위여안심경

---

1. 혜가(487-593)는 중국 선종의 제 2조이다. 이름은 신광神光이고 성姓은 희씨姬氏이며 낙양 무재武宰 사람이다. 용문의 향산에서 보정寶靜에게 출가하여 여러 곳으로 다니면서 불교와 유교를 배우고 32세에 향산으로 돌아왔다. 8년 동안 좌선하고 40세에 숭산 소림사의 달마를 찾아가 눈 속에 서서 가르침을 구하였지만 허락하지 않으므로 왼팔을 끊어 구법의 의지를 보이고 마침내 크게 깨쳤다. 552년 승찬僧璨에게 법을 전하고 업군에서 34년 동안 머무르며 완성현 광구사에서 『열반경』을 강의하여 크게 명성을 떨쳤다. 수 개황 13년(593) 3월 16일 입적하니 나이가 107세였다. 당 태조가 정종보각대사正宗普覺大師의 시호를 내렸다.

마음을 편케 해 준 달마 스님

소림사에서 달마 스님이 면벽하고 있을 때 이조 혜가 스님이 한마디 가르침을 받고자 추운 날 눈 속에서 팔을 끊고 말하였다.

"저의 마음이 편치가 않습니다. 스승님께서 제 마음을 편케 해 주시옵소서."
"마음을 가져오너라. 그대를 편케 해 주리라."

"마음을 찾아봐도 찾을 수가 없습니다."
"그대를 위하여 마음을 편케 하였느니라."

無門曰.
무문왈

缺齒老胡 十萬里航海 特特而來 可謂 是無風起浪
결치노호 십만리항해 특특이래 가위 시무풍기랑

末後接得一箇門人 又却六根不具. 咦 謝三郎[1] 不
말후접득일개문인 우각육근불구 이 사삼랑 불

識四字.
식사자

頌曰
송왈

西來直指 事因囑起
서래직지 사인촉기

撓聒叢林 元來是爾.
요괄총림 원래시이

---

1. '사삼랑謝三郎'은 무식한 사람을 대표하는 말인데, 자기 이름 석 자만 알고 네 글자만 되도 그 뜻을 모르는 사람이다. 여기서는 온갖 시비분별을 떨친 혜가 스님을 가리키는 말이다.

이빨 빠진 늙은이가 십만 리 배를 타고 일부러 이 땅을 찾아온 것은 바람 없는 잔잔한 바다에 물결을 일으킨 것이라 할 수 있겠다.

뒷날 법을 전할 한 제자를 만났는데 팔이 온전치 못하였다. 아! 그는 무식한 사람으로서 한 글자도 모르는구나.

중국에 와 사람 마음 바로 가리켜
이로 인해 법 전하는 인연 이어져
어지럽게 총림에서 법을 말하니
그 근본이 원래 그대 달마였구려.

42. 女子出定

世尊 昔因文殊 至諸佛集處 值諸佛 各還本處.
세존 석인문수 지제불집처 치제불 각환본처

惟有一女人 近彼佛坐 入於三昧.
유유일여인 근피불좌 입어삼매

文殊 乃白佛 云何女人 得近佛坐 而我不得.
문수 내백불 운하여인 득근불좌 이아부득

佛告文殊 汝但覺此女 令從三昧起 汝自問之.
불고문수 여단교차녀 영종삼매기 여자문지

선정에서 여인이 나오게 하다

문수보살이 모든 부처님이 모인 곳에 도착할 때, 부처님이 다 저마다 본디 있던 장소로 돌아가는 것을 보았다.

오직 한 여인만이 부처님 가까이 앉아 삼매에 들어 있었다.

문수보살이 부처님께 "왜 이 여인은 부처님 가까이 앉아 삼매에 드는데 저는 그럴 수가 없습니까?"라고 물으니, 부처님께서 문수보살에게 말하였다.

"그대가 이 여인을 깨워 삼매에서 일어나게 하고 그대 스스로 물어보아라."

文殊遶女人三匝 鳴指一下
문수요여인삼잡 명지일하

乃托至梵天 盡其神力 而不能出.
내탁지범천 진기신력 이불능출

世尊云
세존운

假使百千文殊 亦出此女人定不得 下方 過一十二
가사백천문수 역출차여인정부득 하방 과일십이

億河沙國土 有罔明菩薩 能出此女人定.
억하사국토 유망명보살 능출차여인정

須臾罔明大士 從地湧出 禮拜世尊 世尊勅罔明 却
수유망명대사 종지용출 예배세존 세존칙망명 각

至女人前 鳴指一下 女人於是 從定而出.
지여인전 명지일하 여인어시 종정이출

문수보살이 공경의 표시로 여인의 둘레를 세 번 돌면서 손가락을 퉁겨 그 소리가 범천까지 들리게 하면서 신통력을 다하였지만 삼매에서 여인을 나오게 할 수가 없었다. 세존께서 말씀하셨다.

"설사 백 천 문수라도 이 여인을 선정에서 나오게 할 수 없다. 이 땅 밑으로 12억 갠지스 강 모래알만큼 많은 국토를 지나서 있는 망명보살은 이 여인을 선정에서 나오게 할 수 있다."

그러자 금방 망명보살이 땅에서 솟아 세존께 예배를 올렸다. 세존의 명을 받아 망명보살은 여인 앞으로 가 손가락을 한 번 퉁기자 여인이 선정에서 나왔다.

無門曰.
무문왈

釋迦老子 做者一場雜劇 不通小小. 且道. 文殊是
석가노자 주자일장잡극 불통소소 차도 문수시

七佛之師 因甚出女人定不得. 罔明初地菩薩 為甚
칠불지사 인삼출여인정부득 망명초지보살 위삼

却出得.
각출득

若向者裏見得親切 業識忙忙 那伽大定.
약향자리견득친절 업식망망 나가대정

頌曰
송왈

出得出不得 渠儂得自由
출득출부득 거농득자유

神頭并鬼面 敗闕當風流.
신두병귀면 패궐당풍류

석가모니 부처님께서 한바탕 연극을 펼치니 대단한 일이 아닌가. 한번 일러 보아라. 문수보살은 과거칠불의 스승이었는데, 무엇 때문에 여인을 선정에서 나오게 할 수 없었고, 망명은 초지보살인데도 어떻게 나오게 할 수 있었는가?

여기에서 친절한 부처님의 마음자리를 볼 수 있다면 '끝없는 업식 그대로가 부처님의 선정'이다.

선정에서 나오거나 안 나오는 건
문수 망명 자유자재 할 수 있는 것
신통력과 귀신 모습 다양한 연출
그 허물은 자유인의 풍류로구나.

43. 首山竹篦

首山和尚[1] 拈竹篦 示衆云 汝等諸人 若喚作竹篦
수산화상 염죽비 시중운 여등제인 약환작죽비

則觸 不喚作竹篦 則背. 汝諸人 且道. 喚作甚麼.
즉촉 불환작죽비 즉배 여제인 차도 환작삼마

無門曰. 喚作竹篦 則觸 不喚作竹篦 則背 不得有
무문왈 환작죽비 즉촉 불환작죽비 즉배 부득유

語 不得無語 速道速道.
어 부득무어 속도속도

頌曰 拈起竹篦 行殺活令 背觸交馳 佛祖乞命.
송왈 염기죽비 행살활령 배촉교치 불조걸명

---

1. 수산성념首山省念(926-993) 스님은 어려서 출가하여 언제나 『법화경』만 열심히 독송했기 때문에 '염법화念法華'란 별명이 생겼다. 성념 스님은 연소 스님의 법을 잇고 여주 수산首山에서 설법을 시작하여 그 명성을 천하에 떨쳤다. 함께 사는 대중은 어느 때나 20여 명밖에 안 되었지만, 그의 법을 이어받은 제자는 열여섯 사람이나 되었다. 송나라 순화淳化 4년 68세로 입적하였다.

수산 스님이 죽비 들고 묻기를

수산 스님이 죽비를 들고 대중들에게 보이면서 말하였다. "그대들 모두 이것을 죽비라 불러도 잘못이요, 죽비라 부르지 않아도 잘못이니 그대들은 한번 일러 보아라. 이를 무어라 불러야 할지."

죽비라 불러도 잘못이요, 죽비라 부르지 않아도 잘못이니 말을 할 수도 없고 말을 하지 않을 수도 없다. 이 도리를 빨리 한번 일러 보아라.

손에 죽비 집어 들고 보여 주면서
죽이거나 살리라는 명령 하지만
잘못으로 서로서로 공격을 하니
조사 스님 부처님도 목숨 빌리라.

44. 芭蕉拄杖

芭蕉和尚 示衆云 爾有拄杖子 我與爾拄杖子
파초화상 시중운 이유주장자 아여이주장자

爾無拄杖子 我奪爾拄杖子.
이무주장자 아탈이주장자

無門曰. 扶過斷橋水 伴歸無月村.[1]
무문왈 부과단교수 반귀무월촌

若喚作拄杖 入地獄如箭.
약환작주장 입지옥여전

頌曰
송왈

諸方深與淺 都在掌握中
제방심여천 도재장악중

撑天并拄地 隨處振宗風.
탱천병주지 수처진종풍

---

1. '달이 없는 마을'은 시비분별이 다 떨어진 '깨달음'을 상징하는 말이다.

파초 스님이 주장자로 말하기를

파초 스님이 대중에게 가르침을 주며 말하였다.
"그대에게 주장자가 있으면 내가 그대에게 주장자를 줄 것이요, 그대에게 주장자가 없으면 내가 그대의 주장자를 빼앗을 것이다."

주장자를 의지하여 물을 건너고, 벗을 삼아 '달이 없는 마을'로 가나, 여기에서 주장자라 부르게 되면, 쏜살같이 지옥으로 들어가리라.

이 세상의 깊고 얕은 모든 도리가
빠짐없이 이 손 안에 들어 있기에
이것으로 하늘과 땅 받쳐 들고서
가는 곳곳 조사 가풍 휘날리리라.

45. 他是阿誰

東山演師祖曰
동산연사조왈

釋迦彌勒 猶是他奴 且道 他是阿誰.
석가미륵 유시타노 차도 타시옥수

無門曰.
무문왈

若也見得他分曉 譬如十字街頭 撞見親爺相似 更
약야견득타분효 비여십자가두 당견친야상사 갱

不須問別人 道是與不是.
불수문별인 도시여불시

頌曰
송왈

他弓莫挽 他馬莫騎 他非莫辨 他事莫知.
타궁막만 타마막기 타비막변 타사막지

그는 누구인가

동산의 오조법연 선사가 말하였다.
"석가모니와 미륵 부처님도 아직 그의 노예인데 한번 일러 보아라. 그는 누구인가?"

만약에 그를 분명히 본다면 마치 많은 사람이 다니는 길거리에서 친아버지를 만난 듯 다시 다른 사람에게 아버지인지 아닌지를 묻지 않는다.

다른 사람 활은 당기지 말고
다른 사람 말은 타지 말거라
다른 사람 허물 말하지 말고
다른 사람 일에 간섭치 말라.

46. 竿頭進步

石霜和尚[1] 云 百尺竿頭[2] 如何進步.
석상화상 운 백척간두 여하진보

又 古德云 百尺竿頭坐底人 雖然得入 未為真.
우 고덕운 백척간두좌저인 수연득입 미위진

百尺竿頭 須進步 十方世界 現全身.
백척간두 수진보 시방세계 현전신

---

1. 자명초원慈明楚圓(986-1040) 스님은 광서 계림에서 태어났다. 스물둘에 출가하여 분양선소 스님의 명성을 듣고 찾아 갔으나, 스님은 욕설과 세속의 더러운 말만 할 뿐 법을 일러주는 일이 없었다. 하루는 정성을 다해 설법해 주기를 간청했더니, 크게 화를 내며 "이 나쁜 놈아, 네가 나를 비방하느냐?" 하고 내쫓았다. 초원 스님이 무어라 변명을 하려는데, 분양 스님은 손으로 그의 입을 틀어막았다. 그 바람에 크게 깨친 초원 스님은 "임제 스님의 도가 상식을 벗어나 있음을 알겠다."고 말하였다. 초원 스님은 석상산 숭승사와 담주 홍화사 등에서 가르침을 펴, 그의 법을 이은 제자가 50인이나 되었다. 그 가운데 황룡혜남黃龍慧南과 양기방회楊岐方會라는 유명한 제자들도 있었다. 자명慈明은 54세로 입적한 뒤의 시호이며, 흔히 그를 석상 화상이라 부른다.
2. 백척이나 높은 장대의 끝을 말한다. 여기서는 옴짝달싹할 수 없어 자칫하면 죽을 수도 있기에, 어떤 사려분별도 용납하지 않는 마음자리를 '백천간두'에 비유하는 것이다.

백척간두에서 한 걸음 더

석상 스님이 말하였다.

"백척간두에서 어떻게 나아갈까?"

또 장사경잠 스님도 말하였다.

"백척간두에 앉아 있는 사람이 깨달았다 하더라도 아직 진짜가 아니니, 백척간두에서 한 걸음 더 나아가야 시방세계에 온전한 몸을 드러낸다."

無門曰.
무문왈

進得步 翻得身 更嫌何處 不稱尊.
진득보 번득신 갱혐하처 불칭존

然雖如是 且道. 百尺竿頭 如何進步. 嗄.
연수여시 차도 백척간두 여하진보 사

頌曰
송왈

瞎却頂門眼 錯認定盤星
할각정문안 착인정반성

拌身能捨命 一盲引衆盲.
반신능사명 일맹인중맹

한 발자국 더 나아가 중생의 몸을 바꾼다면 다시 어느 곳을 꺼려 세존이라 부르지 못할 것인가.

이렇다 하더라도 한번 일러 보아라.
백척간두에서 어떻게 나아갈 것인가?
아!

진실을 볼 수 있는 눈을 멀게 해
진리를 알 수 있는 기준을 몰라
한 목숨 내던져서 알았다 해도
장님이 장님들을 끌고 가는 격.

47. 兜率三關

兜率悅和尚[1] 設三關 問學者.
도솔열화상 설삼관 문학자

撥草參玄 只圖見性 即今上人 性在甚處.
발초참현 지도견성 즉금상인 성재삼처

識得自性 方脫生死 眼光落時[2] 作麼生脫.
식득자성 방탈생사 안광낙시 자마생탈

脫得生死 便知去處 四大分離 向甚處去.
탈득생사 변지거처 사대분리 향삼처거

---

1. 도솔종열(1044-1091)은 임제종 황룡파 스님으로 속성은 웅씨熊氏이다. 열다섯 살 때 보원원으로 출가하여 운개수지 선사에게 가르침을 받았으며 극문 선사의 법을 이었다. 융흥부 도솔사에 머물면서 널리 법을 전했다.
2. '안광낙시眼光落時'는 '사람이 마지막 눈빛을 땅에 떨어뜨릴 때'라는 뜻으로 사람의 죽음을 시적으로 표현한 것이다.

도솔 스님의 세 가지 질문

도솔종열 스님은 통과해야 할 세 가지 질문을 가지고 공부하는 사람들에게 물었다.

"여러 곳으로 선지식을 찾아다니는 것은 오직 견성하자는 것인데 지금 그대의 성품은 어디에 있는가?"

"자신의 성품을 알아야 비로소 생사를 벗어나는데 임종할 때 어떻게 생사를 벗어날 것인가?"

"생사를 벗어나면 갈 곳을 아는데 지수화풍 사대로 이 몸이 흩어질 때 어느 곳으로 가는가?"

無門曰.
무문왈

若能下得此三轉語 便可以隨處作主 遇緣即宗.
약능하득차삼전어 변가이수처작주 우연즉종

其或未然 麁飡易飽 細嚼難飢.
기혹미연 추손이포 세작난기

頌曰
송왈

一念普觀無量劫 無量劫事即如今
일념보관무량겁 무량겁사즉여금

如今覷破箇一念 覷破如今覷底人.
여금처파개일념 처파여금처저인

이 세 가지 질문에 대답할 수 있다면 바로 어느 곳을 가든 주인공이 될 것이요, 어떤 인연을 만나도 종지가 드러난다.

그렇지 못하다면 어떻게 할 것인가?

거칠게 먹은 음식은 쉽게 배가 불러도 살로 가지 않지만 꼭꼭 씹어 먹는 음식은 배를 곯지 않으면서도 살로 가니라.

한 생각에 무량겁을 두루 본다면
무량겁의 모든 일이 지금에 있어
이 자리서 한 생각을 꿰뚫어 보면
이 자리를 보는 자도 꿰뚫어 보리.

48. 乾峯一路

乾峯和尚[1] 因僧問 十方薄伽梵[2] 一路涅槃門
건봉화상 인승문 시방박가범 일로열반문

未審 路頭在甚麼處.
미심 노두재삼마처

峯拈起拄杖 劃一劃云 在者裏.
봉염기주장 획일획운 재자리

後僧請益雲門 門拈起扇子云
후승청익운문 문염기선자운

扇子勃跳 上三十三天 築著帝釋鼻孔
선자발도 상삼십삼천 축착제석비공

東海鯉魚 打一棒 雨似盆傾.
동해이어 타일방 우사분경

---

1. 월주건봉越州乾峯 스님은 생몰연대 미상으로 조동종 개조인 동산양개 스님의 법을 이었다.
2. 박가범은 범어 'bhagavat'의 음사로 세간에서 가장 존귀한 분 곧 부처님을 뜻한다.

건봉 스님 한 길로 열반문에

어떤 스님이 건봉 스님에게 "시방세계 모든 부처님이 한 길로 열반문에 들어간다고 하지만, 잘 모르겠습니다. 그 길이 어디에 있습니까?"라고 물으니,

건봉 스님이 주장자를 집어 들고 허공에다 한 획을 그으면서 "여기에 있다."라고 답하였다.

뒷날 이 스님이 운문 스님에게 법을 청하면서 이 문제를 제기하자,

운문 스님은 부채를 집어 들고 "이 부채로 삼십삼천에 뛰어오르면 제석천의 콧구멍에 닿고, 동해 바다의 잉어를 한 번 때리면 물동이 쏟듯 비가 쏟아진다."라고 하였다.

無門曰.
무문왈

一人 向深深海底 行簸土揚塵 一人 於高高山頂
일인 향심심해저 행파토양진 일인 어고고산정

立白浪滔天. 把定放行 各出一隻手 扶豎宗乘.
입백랑도천 파정방행 각출일척수 부수종승

大似兩箇馳子相撞著 世上應無直底人.
대사양개치자상당착 세상응무직저인

正眼觀來 二大老總 未識路頭在.
정안관래 이대로총 미식노두재

頌曰
송왈

未舉步時先已到 未動舌時先說了
미거보시선이도 미동설시선설료

直饒著著在機先 更須知有向上竅.
직요착착재기선 갱수지유향상규

건봉 스님은 깊고 깊은 바다 속에서 티끌먼지를 일으키고 운문 스님은 높고 높은 산봉우리에서 흰 물결을 일으켜 하늘에 넘치게 한다.

선정 속에서 빛을 뿜어내며 저마다 한쪽 손을 내밀어 선종의 가르침을 내세우고 있다.

이는 흡사 달리는 두 마리 커다란 낙타가 서로 부딪치는 것과 같아 세상에서는 바로 대적할 사람이 없다.

그러나 바른 안목으로 보자면 이 두 분 모두 아직 열반으로 가는 길을 알지 못한다.

한 다리도 들기 전에 도착을 하고
혀와 입도 열기 전에 모두 설해서
미리 기선 제압하여 앞서 나가도
더 좋은 길 있는 줄을 알아야 하네.

뒷글

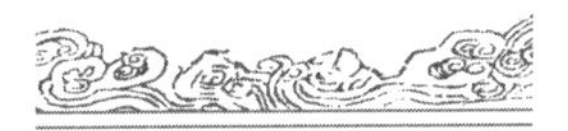

後序

從上佛祖 垂示機緣 據欵結案 初無剩語.
종상불조 수시기연 거관결안 초무잉어

揭翻腦蓋 露出眼睛 肯要諸人 直下承當 不從他
게번뇌개 노출안정 긍요제인 직하승당 부종타

覓. 若是通方上士 纔聞擧著 便知落處 了無門戶
멱 약시통방상사 재문거착 변지낙처 요무문호

可入 亦無階級可升 掉臂度關 不問關吏.
가입 역무계급가승 도비도관 불문관리

豈不見. 玄沙道[1] 無門 解脫之門 無意 道人之意 又
기불견 현사도 무문 해탈지문 무의 도인지의 우

白雲道 明明知道 只是者箇 為甚麼 透不過.
백운도 명명지도 지시자개 위삼마 투불과

---

1. 현사사비玄沙師備(835-908) 스님은 당말오대 사람인데 복주 민현에서 태어났다. 젊어서는 늘 배를 띄우고 낚시를 즐기다 서른 살에 출가하여 부용산 영훈靈訓 선사에게 머리를 깎고 구족계를 받았다. 설봉의 법을 이은 뒤 처음 매계 보응원에서 있다가 얼마 지나지 않아 복주의 현사산으로 옮겨 가르침을 널리 펼쳤다.

뒷글

부처님이나 조사 스님의 가르침으로 깨닫게 된 인연을 모아 놓은 48칙은, 원칙에 의해 마련된 것으로서 애초에 군더더기 말이 없다. 머리를 빠개고 눈동자를 뽑아 그 자리에서 모든 사람이 법을 알게 하니, 다른 곳에서 법을 찾을 것이 아니다.

만약 모든 것에 통달한 사람이라면 한마디를 듣자마자 바로 그 뜻을 알고, 깨달음에 따로 들어갈 문이 없고 거쳐야 할 단계가 없음을 아니 활개치고 무문관을 지나가며 미적거리지를 않는다.

그대가 어찌 보지 못했겠는가. 현사 스님이 "들어갈 수 있는 문이 없는 '무문無門'은 해탈의 문이요, 시비분별 할 뜻이 없는 게 도인의 뜻이다."라고 하고, 또 백운 스님이 "분명하고 분명하게 도를 아는 것이 다만 이 놈일 뿐인데 왜 이 도리를 꿰뚫지 못하는고."라고 말한 것을……

恁麼說話 也是赤土搽牛嬭.
임마설화 야시적토차우내

若透得無門關 早是鈍置無門
약투득무문관 조시둔치무문

若透不得無門關 亦乃辜負自己.
약투부득무문관 역내고부자기

所謂 涅槃心易曉 差別智難明.
소위 열반심이효 차별지난명

明得差別智[1] 家國自安寧.
명득차별지 가국자안녕

時 紹定改元 解制前五日
시 소정개원 해제전오일

楊岐八世孫 無門比丘 慧開 謹識
양기팔세손 무문비구 혜개 근지

1. 차별지差別智는 온갖 차별로 드러나는 모습의 실체를 아는 지혜이다.

그러나 이렇게 말하더라도 이것 또한 쓸데없는 소리이다.

만약 무문관을 꿰뚫으면 벌써 무문을 어리석게 만든 것이요, 무문관을 꿰뚫지 못했다면 자기 자신의 본디 마음을 저버린 것이기 때문이다.

이는 열반의 마음은 쉽게 알겠지만, 그 마음에서 인연 따라 일어나는 차별지는 밝히기 어렵다는 것을 말한다.

차별지를 밝힐 수만 있다면 집안과 나라는 제 스스로 편안해진다.

송대 1228년 소정 개원 해제 5일 전에
양기 선사의 8세손 무문비구 혜개가 삼가 글을 쓰다

禪箴[1]

循規守矩 無繩自縛.
순규수구 무승자박

縱横無礙 外道魔軍.
종횡무애 외도마군

存心澄寂 默照邪禪.
존심징적 묵조사선

恣意忘緣 墮落深坑.
자의망연 타락심갱

惺惺不昧 帶鎖擔枷.
성성불매 대쇄담가

思善思惡 地獄天堂.
사선사악 지옥천당

佛見法見 二鐵圍山.
불견법견 이철위산

念起即覺 弄精魂漢.
염기즉각 농정혼한

1. 선을 닦는 데 교훈이 되는 짧은 글이 '선잠'이다.

참선 납자의 마음속 다짐

청규만을 따르는 건 밧줄 없이 얽매인 것

원칙 없이 마음대로 사는 사람 외도 마군

마음만을 밝힌다고 집착하면 잘못된 선禪

제멋대로 인연 무시 구렁텅이 떨어진 것

밝게 깨는 것에 집착 쇠사슬로 목 묶인 것

선과 악을 생각하면 지옥 천당 오고 간 것

부처님과 법을 집착 철위산에 딱 갇힌 것

생각 일자 알아챈 것 자기마음 갖고 논 놈

兀然習定 鬼家活計.
올연습정 귀가활계

進則迷理 退則乖宗.
진즉미리 퇴즉괴종

不進不退 有氣死人.
부진불퇴 유기사인

且道. 如何履踐.
차도 여하이천

努力今生須了却 莫教永劫受餘殃.
노력금생수요각 막교영겁수여앙

좌선한다 허리 빳빳 귀신 집안 놀음이라

나가자니 이치 몰라 무르자니 종지 위반

진퇴양난 이 자리서 숨만 쉬는 죽은 사람.

한번 일러 보아라.
어떻게 공부해 나갈지를.

노력하여 이번 생에 이 공부를 마치고서
그리하여 영원토록 온갖 재앙 면할진저.

黃龍 三關

我手何似佛手　摸得枕頭背後
아수하사불수　모득침두배후

不覺大笑呵呵　元來通身是手.
불각대소가가　원래통신시수

我脚何似驢脚　未擧步時踏著
아각하사려각　미거보시답착

一任四海橫行　倒跨楊岐三脚.[1]
일임사해횡행　도과양기삼각

人人有箇生緣　各各透徹機先
인인유개생연　각각투철기선

那吒折骨還父[2]　五祖豈藉爺緣.[3]
나타절골환부　오조기자야연

---

1. "어떤 것이 부처님입니까?"라고 물으니, 양기 스님이 "세 다리 절름발이 당나귀가 잘도 걸어간다."라고 답한 일로, '세 다리 절름발이 당나귀 선'이라고 불렀다.
2. 나타 왕자가 자신의 뼈와 살을 추려 아버지와 어머니께 돌려주고 참된 자기의 모습으로 법문을 했다는 이야기가 전해진다.
3. 오조홍인(602-675) 스님은 전생에 소나무를 심던 사람이었는데, 사조도신 선사의 법문을 듣기 위하여 스스로 한 여인이 모태로 들어가 다시 태어났다는 이야기가 있다.

황룡 스님 세 관문에 대하여

나의 손이 부처님 손 어찌 닮았지?
잠자면서 베게 머리 뒤를 더듬다
얼떨결에 하하! 하며 크게 웃으니
원래 온몸 그대로가 이 손인 것을……

내 다리가 나귀 다리 어찌 닮았지?
한 걸음을 내딛기 전 땅을 밟고서
온 천하를 마음대로 돌아다니며
양기 선사 선종 가풍 휘날린다네.

사람마다 태어나는 인연 있지만
제 각각이 깨달아서 본디 있는 것
아버지께 자기 뼈를 돌려준 나타
오조 스님 부친 인연 왜 빌렸을까?

佛手驢脚生緣　非佛非道非禪
불수려각생연　비불비도비선

莫怪無門關險　結盡衲子深冤.
막괴무문관험　결진납자심원

瑞巖近日有無門　掇向繩床判古今
서암근일유무문　철향승상판고금

凡聖路頭俱截斷　幾多蟠蟄起雷音.
범성노두구절단　기다반칩기뢰음

請無門首座 立僧 山偈奉謝
청무문수좌 입승 산게봉사

紹定庚寅季春 無量宗壽 書
소정경인계춘 무량종수 서

부처님 손 나귀 다리 태어난 인연
도도 선도 부처님도 아닌 것이니
무문관이 험하다고 탓하지 말라
깊은 원한 납자들과 맺게 된다고……

근래 와서 서암사에 무문 스님이
공안들을 법상에서 추려가면서
범부들과 성인의 길 다 끊고 있어
잠자다가 깨친 사람 얼마나 될까.

무문 수좌를 청하여 입승으로 모시면서
게송을 지어 법의 은혜에 감사를 드리며
1230년 봄에 무량종수가 글을 쓰다

孟珙 跋文

達磨西來 不執文字 直指人心 見性成佛
달마서래 부집문자 직지인심 견성성불

說箇直指 已是迂曲 更言成佛 郎當不少.
설개직지 이시우곡 갱언성불 낭당불소

旣是無門 因甚有關. 老婆心切 惡聲流布.
기시무문 인삼유관 노파심절 악성유포

無庵 欲贅一語 又成四十九則 其間些子誵訛 剔起
무암 욕췌일어 우성사십구칙 기간사자효와 척기

眉毛薦取. 淳祐 乙巳夏 重刊 檢校 少保寧 武軍節
미모천취 순우 을사하 중간 검교 소보령 무군절

度使 京湖安撫制置大使 兼屯田大使 兼夔路策應
도사 경호안무제치대사 겸둔전대사 겸기로책응

大使 兼知江陵府漢東郡開國公 食邑二千一百戶
대사 겸지강릉부한동군개국공 식읍이천일백호

食實封 陸佰戶 孟珙[1] 跋.
식실봉 육백호 맹공 발

1. 맹공(1195-1246)은 송대의 명장으로 금나라를 멸망시켰다. 조정에서 검교 소

맹공의 발문

달마 스님이 서쪽에서 와 문자에 집착하지 않고 바로 사람의 마음을 가리켜 그 성품을 보고 성불한다고 하였지만, 바로 가리킨다고 하는 것도 이미 그릇된 말인데 여기서 다시 성불을 이야기하는 것은 가당치 않은 소리다.

처음부터 문이 없는데 왜 들어갈 관문이 필요하단 말인가. 지나치게 걱정이 많아 허튼 소리만 세상에 퍼졌다. 내가 한마디 덧붙여 49칙을 만드니, 조금이라도 속이는 말이 있다면 내 눈썹을 몽땅 뽑아 버려야 한다.[1]

1245년 여름 무문관을 다시 출간하며
맹공이 발문을 쓰다

보령 무군 절도사, 경호 안무 제치대사, 겸 둔전대사, 겸 기로책응대사, 겸 지강릉부한 동군개국공에 봉했으며 식읍 이천 일백호 식실봉 육백호를 하사했다.

1. 예로부터 선문禪門에서는 부처님의 법을 잘못 거론하다가는 눈썹이 빠진다는 이야기가 있다.

安晩 跋文

無門老禪 作四十八則語 判斷古德公案 大似賣油
무문노선 작사십팔칙어 판단고덕공안 대사매유

餠人 令買家開口接了 更呑吐不得.
병인 영매가개구접료 갱탄토부득

然雖如是 安晩 欲就渠熱爐熬上 再打一枚 足成大
연수여시 안만 욕취거열로오상 재타일매 족성대

衍之數 却仍前送似.
연지수 각잉전송사

未知 老師 從何處下牙. 如一口喫得 放光動地 若
미지 노사 종하처하아 여일구끽득 방광동지 약

猶未也 連見在四十八箇 都成熱沙去.
유미야 연견재사십팔개 도성열사거

速道速道.
속도속도

안만의 발문

무문 노선사가 48칙으로 옛 어른의 공안을 판단하였다. 이는 흡사 뜨거운 기름에 튀긴 찰진 떡을 파는 이가 이 떡을 산 사람의 입안에 넣자, 뜨거워서 다시 뱉지도 못하고 삼키지도 못하는 것과 같다.

이와 같더라도 나는 그 뜨거운 화로에 다시 떡을 하나 만들어, 쓸모 있는 제 49칙을 예전의 무문 스님처럼 세상 사람들에게 보여 주겠다.

노선사는 이 뜨거운 떡을 어떻게 드시려고 할까? 만약 한입에 먹어버린다면 몸에서 빛이 나고 천지가 감동하나, 만약 그렇지 못하면 48칙을 통째로 보더라도 모두 뜨거운 모래 떡일 뿐이다.

자, 어서 한번 일러 보아라.

第四十九則語

經云 止止 不須說 我法妙難思.
경운 지지 불수설 아법묘난사

安晩曰 法從何來 妙從何有 說時又作麼生.
안만왈 법종하래 묘종하유 설시우자마생

豈但豐干饒舌.元是釋迦多口.這老子造作妖怪 令
기단풍간요설 원시석가다구 저노자조작요괴 영

千百代兒孫 被葛藤纏倒 未得頭出.
천백대아손 피갈등전도 미득두출

似這般奇特話
사저반기특화

靶匙挑不上 甑蒸不熟 有多少錯認底.
파시도불상 증증불숙 유다소착인저

제 49칙

『법화경』에서 "그만 두어라, 그만 두어라. 법을 설하지 않을 것이니 나의 법은 미묘하여 생각하기 어려운 법이니라."고 말했는데, 여기에 대해 내가 말하겠다.

법은 어디서 오고 미묘함은 어디에 있는고?
설할 때 그것을 어떻게 설할 것인가?

어찌 풍간 스님만 말이 많았겠는가. 원래 석가모니 부처님도 말이 많았다. 늙은 무문 스님도 요상한 말을 만들어 대대손손 후학들을 이 말 속에 빠뜨려 아직도 벗어나지 못하게 하고 있다.

『무문관』 48칙 이 특별한 말들은 입에 댈 수도 없고 시루에 쪄도 익지를 않는 것인데 얼마나 많은 사람이 그 맛을 잘못 알고 있는가.

傍人問云 畢竟作如何結斷.
방인문운 필경작여하결단

安晩 合十指爪曰 止止 不須說 我法妙難思.
안만 합십지조왈 지지 불수설 아법묘난사

却急去難思兩字上 打箇小圓相子 指示衆人.
각급거난사양자상 타개소원상자 지시중인

大藏五千卷 維摩不二門[1] 總在裏許.
대장오천권 유마불이문 총재리허

頌曰
송왈

語火是燈 掉頭弗譍
어화시등 도두불응

惟賊識賊 一問即承.
유적식적 일문즉승

淳祐丙午 季夏初吉 安晩居士 書于西湖漁莊
순우병오 계하초길 안만거사 서우서호어장

---

1. 유마 거사는 부처님 당시의 훌륭한 재가 신도이다. 『유마경』 '입불이법문품入不二法門品'에 보면 유마 거사가 비사리국 비야리성에서 문수보살에게 침묵으로써 '불이법문'을 설한 부분이 나온다. '불이법문'이란 대립하는 두 존재가 본질적으로 볼 때는 '둘이 아니다'라는 내용을 설한 법문이다.

이 말을 듣고 있던 옆 사람이 물었다.
"그러면 어떻게 결론내야 합니까?"

나는 두 손 모아 합장하며 말하였다.
"그만 두어라, 그만 두어라. 법을 설하지 않을 것이니, 나의 법은 미묘하여 생각하기 어려운 법이다."

그리고 바로 '생각하기 어려운 법'이라는 글자에 작은 동그라미를 그리면서 대중에게 일러 주었다.
"대장경 오천 권과 유마의 불이不二법문이 다 이 속에 있느니라."

> 불씨 본디 등불이라 말했는데도
> 제 머리를 흔들면서 아니라 하니
> 도적만이 도적 마음 바로 알기에
> 질문하는 그 자리서 바로 안다네.

1264년 여름 초하루 좋은 날
안만 거사가 서호의 별장에서 글을 쓰다

찾아보기

차 · 타 · 파 · 하

다섯 종파의 법통

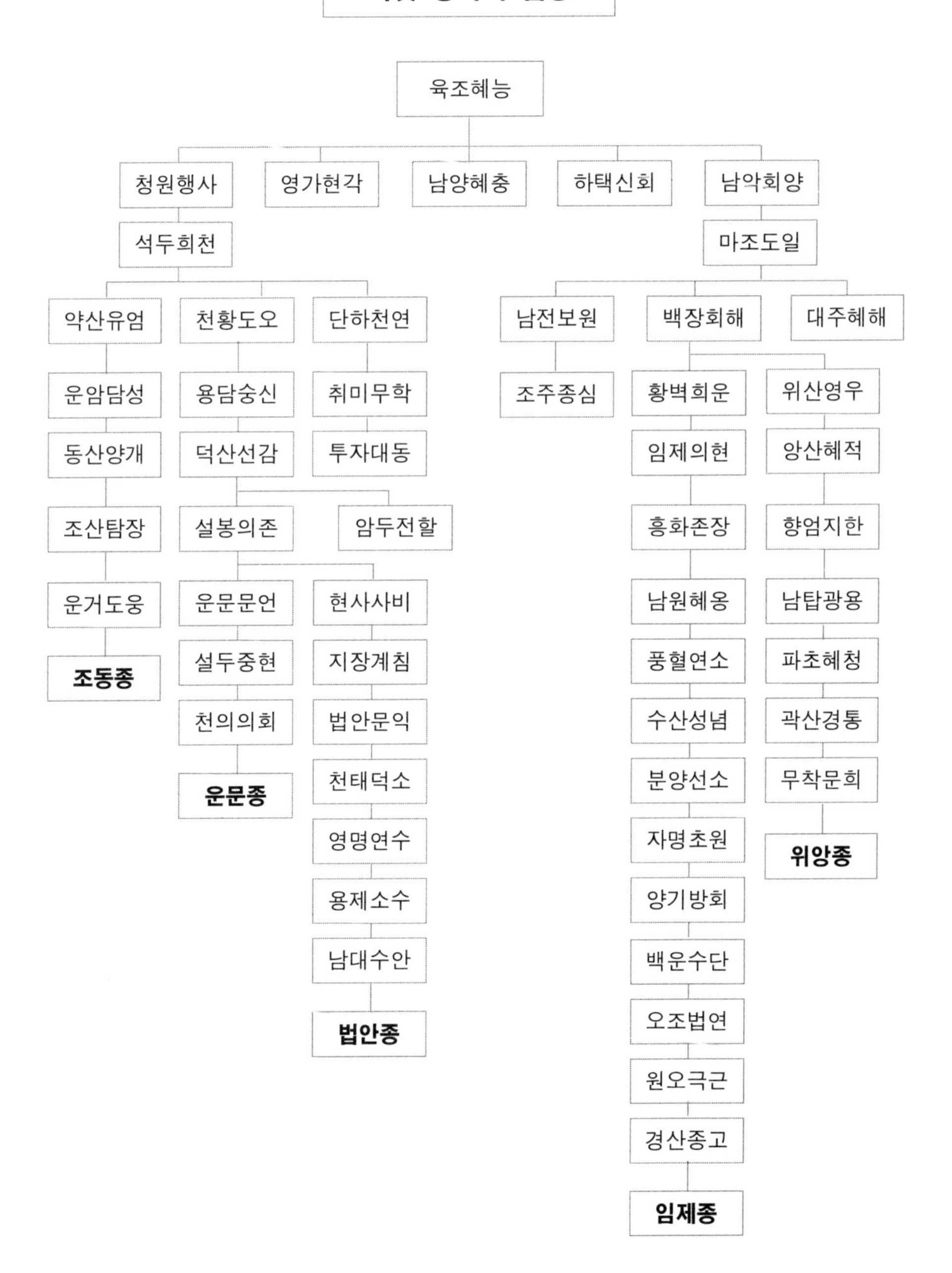
육조혜능
청원행사
영가현각
남양혜충
하택신회
남악회양
석두희천
마조도일
약산유엄
천황도오
단하천연
남전보원
백장회해
대주혜해
운암담성
용담숭신
취미무학
조주종심
황벽희운
위산영우
동산양개
덕산선감
투자대동
임제의현
앙산혜적
조산탐장
설봉의존
암두전할
흥화존장
향엄지한
운거도웅
운문문언
현사사비
남원혜옹
남탑광용
조동종
설두중현
지장계침
풍혈연소
파초혜청
천의의회
법안문익
수산성념
곽산경통
운문종
천태덕소
분양선소
무착문희
영명연수
자명초원
위앙종
용제소수
양기방회
남대수안
백운수단
법안종
오조법연
원오극근
경산종고
임제종

◉ 원순 스님이 풀어쓴 책들

규봉스님 금강경 ‘세친 보살의 27가지 의심’을 끊는 방식으로 금강경을 논리적으로 풀어가고 있는, 기존의 시각과 다른 새로운 금강경 해설서

부대사 금강경 부대사가 경에 담긴 뜻을 게송으로 풀어낸 책

야부스님 금강경 경의 골수를 간결하게 선시로 풀어, 문학적 가치가 높은 책

육조스님 금강경 금강경의 이치를 대중적으로 쉽게 풀어쓴 금강경 기본 해설서

종경스님 금강경 게송으로 금강경의 골수를 드러내고, 후학들이 사고의 지평을 넓힐 수 있는 질문을 던지는 종경스님의 명쾌한 해설서

함허스님 금강경 다섯 분의 금강경 풀이를 연결하여 꿰뚫어 보게 하면서 금강경의 전개를 파악하고 근본 가르침을 또렷이 알 수 있게 설명한 책

돈황법보단경 강설 육조스님 가르침을 간결하고 명료하게 담고 있는 책. 저자의 강설이 실려 있어 깊은 뜻을 쉽게 이해할 수 있는 책

연꽃법화경 모든 중생이 부처님이라는 뜻과 고전문학의 가치를 지닌 경전

육조단경 덕이본 육조스님 일대기와 가르침을 극적으로 풀어낸 선종 으뜸 경전

지장경 지장보살의 전생 이야기와 그분의 원력이 담긴 경전

한글 원각경 함허득통 스님이 주해한 원각경을 알기 쉽게 풀어쓴 글

돈오입도요문론 단숨에 깨달아 도에 들어가는 가르침을 잘 정리한 책

마음을 바로 봅시다 上下 『종경록』 고갱이를 추린 『명추회요』 국내 최초 번역서

몽산법어 간화선의 교과서로 불리는 간화선 지침서

선가귀감 서산 대사가 경전과 어록에서 선의 요점만 추려 엮은 '선 수행의 길잡이'

선禪 수행의 길잡이 선과 교를 하나로 쉽게 이해하는 『선가귀감』을 강설한 책

禪 스승의 편지 선방 수좌들의 필독서, 대혜 스님의 『서장書狀』 바로 그 책

선요 선의 참뜻을 일반 불자들도 알 수 있도록 풀이한 재미있는 글

선원제전집도서 선과 교의 전체 내용을 체계적으로 정리한 참 좋은 책

신심명·증도가 마음을 일깨워 주는 영원한 선 문학의 정수

진심직설 행복한 마음을 명료하게 설명해 주는 참마음 수행 지침서

초발심자경문 이 세상 모든 사람을 위한 마음 닦는 글

치문 1·2·3권 생활 속에서 가까이 해야 할 선사들의 주옥같은 가르침

큰 믿음을 일으키는 글 불교 논서의 백미로 꼽히는 『대승기신론 소·별기』 번역서

선문정로 성철 큰스님께서 전하는 '선의 종착지는 어디인가?'

독송용 경전 _ **우리말 금강반야바라밀경**

우리말 관세음보살보문품

약사유리광 칠불본원공덕경